나는 지금,
고통을
투약중이다

암 환자가 전하는 사랑의 시편

권여원

차례

항해하는 소설

왜 이런 고난이 찾아왔을까
당신이 내 인생을 전지적 시점으로 쓰고 있었다니
급류에 휩쓸려가던 나는 잠시 소설 밖으로 나와
허우적거리던 나를 내려다본다

당신의 뜻으로 태어난 목숨 하나,
머리말을 뚫고 나와 등장인물이 되었다
돛도 없고 닻도 없는 방주라서
내 멋대로 흐르다보니
물 쓰듯 써버린 병든 시간들로 수위는 점점 높아져갔다

나를 넘어뜨리려는 악인의 의도가 복선으로 깔렸지만
이야기의 흐름을 위해 나만 알아듣지 못했고
죽을 것 같은 고통에 집중하느라
만선의 꿈이 보이지 않았다

창공에 반사된 내 속을 수심 깊이 들여다보던
당신의 펜촉은 얼마나 타들어갔을까
온몸에 비바람이 몰아치던 그 밤, 당신은
내 손을 잡고 집채만 한 파도를 타게 했고
두려움이 사라진 나는 거친 물살을 디디며 걸어갔다

특별한 사람에게만 찾아오는 특별한 아픔을
반전의 재료로 쓰는
당신의 문장은 인간의 시점을 초월했다

나를 띄워 항해하는 이 소설은
파란 하늘이 내 이름을 부르는 순간, 완성될 것이다
당신은 지금도 나를 퇴고하고 있다

1
왜 이런 슬픔이 찾아왔을까

작가로 활동하며 작은 교회 사모였던 나는 시도 쓰고 소설도 썼다. 평소에 추리소설을 좋아했다. 인생의 후반기에 들어선 내게 마지막 꿈은 멋진 추리소설 하나 남기는 것이었다. 혼자서 추리소설 쓰는 방법을 터득하며 2년 정도 준비 작업을 해왔다. 시놉시스를 몇 번이고 고쳐 쓰며 소설의 절반쯤 써내려가고 있었다. 머릿속에는 온통 소설의 등장인물과 사건의 전개로 가득 차있어 쓰는 재미에 푹 빠져 있었다.

그중에서도 리처드 프레더가 말하는 '추리소설 잘 쓰는 비결'은 나에게 글을 쓰는 동기부여가 되었다.

"쓰러진 주인공을 더 공격하라. 주인공을 힘든 상황으로 내몰고, 상황을 더 악화시키며, 곤경을 계속 늘리고, 주인공을 파멸시킨 다음 크게 한 방 먹여라! 주인공이 쓰러졌을 때 더 공격하는 것이다. 도울 수 없다면 기도나 해줘라. 아니면 완전히 뭉개버려라. 그런 다음 다시 공격하라!"

나는 이 문장에서 소설의 전개방식을 배웠다. 주인공을 곤경에 빠뜨리고 힘든 상황으로 내몰았고 상황을 악화시킨 것도 모자라 엎친 데 덮친 꼴로 파멸을 향해 등을 떠밀었다. 그렇게 하는 건 주인공을 죽이려는 목적이 아니었다. 어떤 고난을 통해 어떤 깨달음을 안겨줄지 고민하는 것은 작가의 몫이다. 주인공을 역전의 용사로 쓰기 위해 특별한 고난으로 몰아가는 작가의 숨은 뜻을 발견하는 독자는 극히 드물다.

고난 속에 있는 주인공을 향한 작가의 결말을 눈치 챌까봐 복선을 깔고 주인공을 응원하는 무언의 암시를 문장 속에 남겼다. 더 깊은 수렁으로 몰기 위해 시나리오 속 주인공을 생각하며 살았다. 내가 주인공의 입장에서 생각하고 그 주인공의 마음으로 집필할 때 살아있는 문장이 완성되었다.

이렇게 글을 쓴다는 건 내게 숙명이었다. 하늘이 내린 형벌처럼 뭔가 쓰지 않으면 견딜 수 없었다. 그렇게 운명 같던 소설을 쓰다가 나는 원고를 덮을 수밖에 없는 일이 생겼다. 정작 내 인생을 쓰고 계시던 그분의 전개방식에 커다란 전환점이 생긴 것은 알아차리지 못했다. 내 인생이 최고의 시나리오가 되기 위해 육체의 고통 속에 던져졌음을 깨닫지 못했던 나는, 지금 주인공을 파멸 속에 몰아가시는 하나님의 뜻을 눈앞에서 벼락처럼 마주보고 있었다.

리처드프레더가 말했던 것처럼...

2
봄은 당연한 것일까

누군가는 이 봄을 누릴 것이고 누군가는 이 봄을 누리지 못한 체 生을 마감할 거란 생각이 들었다. 봄을 만나는 건 정말 하나님의 선물이구나... 감탄하며 산책하다가 아무 생각 없이 하나님께 내 마음을 말했다.

> "하나님, 제 인생 돌아보니 눈물 흘릴 일이 많았는데
> 요즘은 그렇게 눈물 흘릴 일이 없어서 너무 좋아요.
> 저 이렇게 눈물 없이 살고 싶어요."

시편 56:8절에 "나의 눈물을 주의 병에 담으소서" 라는

구절이 있다. 지금껏 살아오면서 유달리 고난이 많았던 나는 평생 흘려야 할 눈물을 주님의 병에 채웠다고 생각했다. 그래서 앞으로는 눈물 없이 살 거라는 기대감이 있었다. 그러나 그 기대는 다음 날 무너지고 말았다.

저녁을 먹은 후 소설을 쓰기 위해 책상에 앉았다. 갑자기 심장의 극심한 고통이 시작되었다. 심장이 방망이질하듯 쿨렁거려 숨을 쉴 수가 없었다. 증상은 심해져 아들이 119를 불렀지만 손발이 차가워지며 점점 호흡이 가팔라졌다. 그 짧은 순간 '아! 내가 오늘까지만 사는구나. 오늘이 내가 죽는 날이었구나.'를 실감했다. 죽음이란 것이 이렇게 갑작스럽게 찾아올 거라 생각하지 못했다. 지금까지 살아온 날들이 스크린처럼 빠르게 스쳐갔다. 누구나 죽지만 그 죽는 날이 오늘일 줄이야. 믿을 수 없었다. 내 나이 49세, 갑자기 찾아온 죽음의 신호는 나를 놀라게 했다. 앰뷸런스 언제 오냐고 재촉하는 아들의 목소리를 이제 다시 들을 수 없다고 생각하니 이 순간이 숙연해졌다. 0시를 향해 가는 시계소리처럼 뚜–뚜–뚜—하고 호흡이 끊어질 것 같았다. 평소에 내 죽음에 대해 기도했는데 기도했던 죽음과 너무도 달라 당황스러웠다. 급하게 마음으로 하나님을 불렀다.

"하나님, 살려주세요. 저에게 죽음을 준비할 시간을 주세요. 오늘이 하나님이 정한 마지막이라면 내 생명을 연장시켜 주세요. 기회를 주세요."

응급실에서는 결론이 나지 않았다. 고통의 밤이 지나 조금 상황이 가라앉았지만 여전히 숨쉬기가 곤란했다. 또다시 왼쪽 가슴이 옥죄어왔다. 사람이 숨을 편히 쉴 수 있다는 게 얼마나 큰 기적인지 알게 되었다. 심장내과에서 부정맥과 동맥경화진단을 받았지만 가슴의 고통이 끝나지 않았다. 이 통증의 원인을 찾지 않으면 안 될 거 같아 여러 검사를 하다가 유방초음파를 통해 조직검사를 해야 한다는 통보를 받았다. 의사선생님의 뉘앙스가 암처럼 들렸다. 살이 빠져서인지 거울을 통해서도 암이 있다는 걸 알 수 있었다. 순간 마음이 불안해졌다. 심장도 간도 힘들어 치료받고 있는데 만약 암까지 더해진다면... 하늘이 무너지는 슬픔이 쓰나미처럼 몰려왔다.

결과가 나오던 날 사형선고를 받으러 가는 사람처럼 마음이 무거웠다.

암은 아닐 거야 기대했지만 암이었다. 다발성유방암, 큰 암이 두 개이고 작은 암들이 많아 전절제 수술이 필요했다. 앞이 캄캄했다. 왼쪽에 암이 있어서 그렇게 고통스러웠나 생각했다. 작년에 코로나로 인해 건강검진을 미뤘던 나를 자책했지만 소용없었다. 수술날짜를 받고나니 다리가 후들거렸다. 믿어지지 않는 걸음을 옮기며 수납하러 번호표를 받고 기다리다가 나는 하나님께 나지막이 고백했다.

"하나님은 언제나 옳습니다."

감당 못할 눈물이 흘렀다. 이제 나는 중증환자가 된 것이다. 내가 암을 두려워하는 데는 이유가 있었다. 몇 년 전 호스피스 병동에서 봉사활동 할 때 암환자가 겪는 고통을 보며 암이 무서운 걸 알고 그때 기도했었다.

"하나님, 저는 절대 암에 안 걸리고 안 아프고 평안히 죽게 해주세요."

죽음조차 내 뜻대로 기도했지만 오히려 그 암에 걸리고 말았다. 병원 밖으로 나와 보니 세상이 달라져 있었다. 커피 잔을 들고 웃으며 지나가는 사람들을 보며 나는 왜 저 사람들과 달라야 하지? 라는 생각이 들었다. 인생의 모든 일에는 하나님의 허락하심이 있다는 걸 알았기에 나는 하나님께 질문했다.

'하나님은 왜 암이라는 고통의 반열에 나를 선택하셨어요? 분명 이 고통을 허락하신 하나님의 뜻이 있잖아요. 그 뜻을 알고 싶어요.'

만약 내가 여기까지만 사는 게 하나님 뜻이라면... 그럴 수도 있다고 생각했다. 심장이 안 좋고 간염치료에다 갑상선저하증이 심해 온 몸이 무너지고 있는데 암까지... 죽으라고 절벽으로 내 모는 것 같았다. 울타리 밖으로 내동댕이쳐진 느낌, 시간의 톱니바퀴가 멈춰버려 한 발자국만 나가면 죽음이 나를 삼킬 것 같은 현실에 마음까지 죽을 것 같았다. 죽는 게 두렵지 않지만 고통스럽게 죽고 싶지 않았다. 정신을 차리고 냉정하게 이 사실을 받아들이며 하나님의 뜻이 무엇인지를 찾고자 애썼다.

하나님이 나를 사랑한다고 해서 무조건 장수하는 건 아니다. 인간은 누구나 죽는다. 심장의 극심한 고통을 겪어보니 한 번 죽는 것이 얼마나 인간에게 큰 의미인지 생각하게 되었다. 성경은 죽음에 대해 중요한 의미를 부여한다. 죽음 후에 영원한 나라가 이어지기 때문이다.

히브리서 9장 27절 '한 번 죽는 것은 사람에게 정해진 것이요 그 후에는 심판이 있으리니'

라고 기록되어 있다. 주변에 갑작스레 세상을 떠난 사람들을 보면서 늘 기도했다. 아름다운 죽음이 되게 해달라고... 그건 준비된 죽음이라는 뜻이다. 죽음을 대면할 때 당황하지 말아야 하는데 나는 죽음이 이렇게 삶의 한 가운데 있다는 걸 인지하지 못했다. 인간은 대부분 죽음에 대해 막연하게 여긴다. 엄마 아빠가 일찍 돌아가신 걸 봤으면서도 왠지 나는 부모님처럼 되지 않을 거라는 막연한 기대가 있었다. 내게 죽음이란 먼 나라의 이야기처럼 생각하며 죽음을 준비하지 않고 살았다. 나는 놓치고 살았다. 하나님이 나를 이 땅에 보내신 까닭을...

인생은 여행이다. 이 땅에 눌러 앉는 게 아니라 여행자처럼 잠시 살다가 그날이 오면 짐을 내려놓고 본향으로 돌아갈 준비를 해야 함을... 추리소설을 쓰며 달려오다가 암이라는 브레이크에 걸려 내 인생을 되돌아보았다.

돈과 성공은 죽음 앞에서 나를 구원해줄 수 없다. 인간은 죽음 앞에 진실해지기 때문이다. 삶의 방식에는 두 가지 부류가 있다. 보이는 것만 쫓아가는 사람들과 보이지 않는 것을 바라며 사는 사람들, 죽음 이후의 삶은 보이지 않지만 분명히 존재한다. 그래서 죽음에 대한 준비는 지금, 살아있을 때 하는 것이다.

안 아프고 고난 없이 산다면 얼마나 행복할까. 그러나 누구나 고난을 안고 산다. 그렇다면 인간이 고난 받는 이유는 무엇일까? 그 자리에서 만족을 느끼면 안일함에 빠져 하나님을 잃어버릴까봐 하나님은 우리에게 고난으로 가르쳐주신다. 이스라엘 민족이 애굽의 종살이 할 때 애굽이 던져주는 떡고물에 만족했다면 홍해를 가르는 출애굽의 역사는 일어나지 않았을 것이다. 이 땅이 전부인 것처럼 살아가는 우리에게 하나님은 고난을 통해 죽음 이후 영원한 나라가 있음을 가르쳐주고 있다. 지금 삶의 방식에서 돌아서도록 고난을 통해 우리 인생을 출애굽 시키신다. 출애굽은 내 삶의 잘못된 길에서 돌이켜 주시는 구원의 방법이다. 나는 지금, 나를 출애굽 시키시는 주님의 뜻을 온몸으로 경험하고 있다.

묘비명

낙엽처럼 쓸려가는 육신의 고통
당연하던 것들에 쉼표가 찍히고
집착하던 것들은 부질없게 되었다
움켜쥔 삶의 끝자락
말줄임표가 과거를 압축해보니
내 인생의 주인은 내가 아니었다

이슬방울은 누가 낳고
바다의 경계는 누가 정했을까
인간은 어디서 와서 어디로 돌아갈까
죽음 너머에는 누가 마중 나올까

사람의 주소는 본래 하늘이라
죽음의 간이역을 지난다

죽어서도 가져갈 한 문장을 위해
남은 시간에게 의미를 더하고
천국을 즐겁게 설계하다보니
어느새 구름 같은 문장이 흘러온다

간이역에 꽂힐 묘비명은
본향으로 가는 길의 이정표다

허물을 벗고 탈피하는 한 생애를 두고
나비 한 마리, 비문(碑文)을 읽고 날아오른다

하늘 문이 열린다
아, 내 몸에서 흙냄새가 난다

3
특별한 고난은 특별한 신호

내가 왜 암에 걸렸을까? 음식? 스트레스? 유전적 요인? 죄? 이것으로 암을 다 설명할 수 없다. 인과응보로 말하기엔 나보다 더 많은 죄를 지은 사람이 건강하게 잘 사는 사람이 얼마나 많은가. 암의 원인을 어느 한가지로 해석하기엔 하나님은 너무도 크신 분이다. 그렇다면 왜 이런 일이 일어났을까...

전도서 9장 2절에 모든 사람에게 임하는 그 모든 것이 일반처럼 임한다고 말씀하고 있다. 하나님을 믿는 사람이나 안 믿는 사람이나 의인이나 악인이나 인생에게 닥치는 어려움은 누구나 당할 수 있다. 악인과 선인에게 똑같이 햇살이 비쳐지고 비가 내리는 것처럼.

나니아연대기 영화의 한 장면이 떠올랐다. 투덜이 악동 역할을 하는 유스터스가 금의 유혹에 눈이 멀어 용으로 변해버렸을 때 지난날을 후회하며 훌쩍거리는 그에게 작은 생쥐인 리피칩이 다가가 이렇게 말했다.

> "특별한 일들은 특별한 사람에게만 일어난단다. 무슨 신호일수도 있잖니? 놀라운 운명을 지니고 있다는 신호... 상상을 초월할 그런 놀라운 일들이 너를 기다릴지 모르잖아."

나는 이 장면에서 큰 깨달음을 얻었다. 암환자의 길을 걷는다는 건 겪어보지 않으면 알 수 없는 고통이다. 특별하게 찾아온 암이 놀라운 운명을 펼쳐나갈 신호라는 생각이 들었다. 고통을 어떻게 바라보느냐에 따라 달라지는 통증지수, 무섭게만 보이던 암이 조금씩 나를 설득하고 있었다. 고통 너머에 기다리고 있을 놀라운 축복을...

그렇다고 당장 현실의 고통이 줄어든 건 아니었다. 암이 커지는 고통은 암이 얼마나 무서운지를 알리는 신호였다. 암의 위치와 심장의 위치가 같아서인지 왼팔에 고춧가루를 부어놓은 것 같았다. 자다가 새벽 1시쯤 심장이 찢어지는 통증 때문에 놀라서 깨면 그 후로는 밤새 호흡곤란에 시달렸다. 죽음을 앞둔 사람처럼 고통스러웠다. '하나님, 살려주세요. 너무 아파서 죽을 것 같아요.' 눕지도 못하고 앉지도 못해 무릎 꿇고 몸을 활처럼 구부려 밤새 통증에 신음했다. 하루에 1kg씩 일주일 만에 7kg가 빠졌다. 너무 고통스러워하는 나를 보고 뒤돌아서서 눈물 흘리는 남편을 보니 마음이 나락으로 떨어졌다. 처음 겪는 이 통증은 자연스레 죽음을 떠올리게 했다. 아, 암환자들이 이렇게 고통 받다 죽는구나. 다시는 겪고 싶지 않은 극심한 통증이었다. 그러나 하나님을 믿는 가장 큰 특권은 죽어도 천국을 가는 것, 죽음 자체가 두렵지 않지만 가벼운 마음으로 떠나기엔 눈에 밟히는 게 많았다.

가족 같은 성도들을 위해 더 이상 기도할 수 없다는 게 가슴 아팠다. 교통사고로 뇌수술을 한 몸이 약한 아들 걱정이 컸고, 눈물 많은 동생이 떠올랐고 내가 없는 빈자리를 가슴아파할 가족들과 사랑하는 지인들이 망막에 맺혀 한참을 울었다. 그런 내 마음을 있는 그대로 기도했다.

'하나님, 죽는 건 두렵지 않아요. 그러나 내가 없는 빈자

리를 슬퍼할 누군가 때문에 마음이 많이 아파요.'

그 밤에 하나님은 내게 엄마의 죽음을 상기시켜주셨다. 뇌출혈로 쓰러진 엄마가 3일 만에 중환자실에서 뇌사상태로 돌아가셨는데 엄마의 갑작스런 죽음은 나에게 큰 충격이었고 우울증이 찾아와 날마다 눈물로 지냈다. 하나님께 항의했다.

'엄마는 내게 너무도 귀한 존재였어요. 엄마를 살려달라는 내 기도를 왜 들어주지 않았나요. 엄마, 라고 부르면 속상한 일들이 다 녹아버리는... 엄마는 내가 힘들 때 찾아가는 비빌 언덕이었는데 하나님은 내 소중한 언덕을 뺏어 가신 거예요.'

하나님을 향해 통곡했다. 그때 내 마음에 하나님이 대답하셨다.

'이제 내가 너의 언덕이 되어 주면 안 되겠니...'

얼마나 자상한 소리였는지 그 후로 엄마를 잃은 아픔에서 벗어날 수 있었고 힘들 때마다 하나님을 의지하며 신앙이 깊어졌다. 하나님은 내 마음에 이런 감동을 주셨다.

'남은 자들에 대한 슬픔은 네 몫이 아니야.'

그래, 마음 아프겠지만 남은 자들에 대한 슬픔은 내 몫이 아니야. 내가 엄마를 잃고 하나님과 더 가까워졌듯 남은 이들의 슬픔을 통해 하나님이 그들을 만지실 것을 생각하니 눈물이 사라졌고 어깨의 짐을 내려놓을 수 있었다. 어릴 적 친했던 교회 언니에게 전화했다. 어떻게 그 힘든 암을 견뎠냐고 물어보았다. 오래전 사별의 아픔을 겪은 언니는 1년 전 유방암 진단을 받고 수술과 항암의 아픔을 두 딸을 위해 잘 이겨내었다. 내게는 유방암의 선배가 되었고 마음의 힘이 되었다.

갑작스레 찾아오는 고통은 우연이 아니다. 분명 그 사람을 향한 하나님의 특별한 뜻이 있다. 어떤 분은 사랑의 하나님이 왜 나를 암에 걸리게 했는지 원망하기도 한다. 암환자가 암의 원인을 두고 원망하면 아무 득이 되지 못한다. 오히려 치료효과를 떨어뜨린다. 하나님은 자신의 아들 예수를 우리 죄를 위해 내어주실 만큼 우리를 많이 사랑하신다. 사랑한다고 해서 입에 단것만 주지 않는다. 몸에 좋은 약이 입에는 쓴 것처럼 보이지 않는 내 영혼을 복되게 하기 위해 하나님은 우리에게 쓰디쓴 고난을 허락하신다.

이렇게 마음의 짐을 내려놓고 나서 병원에 갔다. 암병동 원장님께서 내 수술을 집도하게 되었는데 유방암은 관리와 치료가 필요한 병이지 죽을병이 아니라며 암에 대한 두려움에서 벗어나게 해주셨다. 암환자가 지켜야 할 한 가지, 절대 화를 내면 안 된다고 하셨다. 나는 그 말씀이 감사를 생활화하라는 것으로 들려왔다. 인자한 얼굴로 환자의 마음을 헤아려주는 진정한 의사선생님이라 느껴졌다. 심장내과를 찾아가 협심증 약을 처방받은 후로 통증이 절반으로 내려갔다. 수술 전까지 컨디션을 유지해야 하는데 그 후 5시간 정도 잘 수 있었고 조금씩 산책도 하며 수술을 손꼽아 기다리게 되었다.

제 아픔의 무게

내 몸에 가시가 돋을 때
그는 꽃잎이 떨어지는 고통을 듣게 하셨다
내 눈물이 마르지 않을 때
그는 광야에 태어난 이슬방울의 산통을 보게 하셨다
집 없이 떠돌아다니던 내 어깨에
새들이 둥지를 위해 물고 가는
한 잎의 무게를 달아주셨다
한파 속에서 홀로 웅크릴 때면
도시의 비둘기가 언 발로 모이 쪼는 것을 보게 하셨고
믿었던 사람이 배신할 때면
더 많은 가지를 얻기 위해 묵은 가지를 쳐내는
나무의 통증을 알게 하셨다
쓸모없는 인간이라고 가외로 밀려나던 시절엔
추락하는 빗방울이 땅을 기름지게 함을 깨닫게 하셨다

그래도 못 살겠다 소리치는 겨울나무 같은 내 입술에
연둣빛 새순이 파릇파릇 돋게 하셨다

살아있는 것들은 모두 제 아픔의 무게를 견디고 있다고
나는 살아있어서 지금도 아픈 거라고

4
돌아갈 수 있다면

암 투병 이전의 삶에 대한 방식을 돌아보았다. 먼저 먹는 일에 소홀했다. 대충 때우기 일쑤였고 빵을 좋아했다. 먹는 데 투자하는 시간이 아까워 식사시간도 불규칙했고 밤에 책상에 많이 있다 보니 혈액순환도 좋지 않았다. 이제 하나씩 고쳐나가기 시작했다. 건강한 먹거리에 시간을 쏟았고 아프지만 조금이라도 걸어보려고 애썼다. 건강한 삶을 향한 피나는 노력을 아끼지 않기로 했다.

예배를 드리다가 찬송가 25장에서 놀라운 단어를 발견했다. '하늘의 천사도 그 영광 보고서 고난의 신비 알고

자 늘 흠모하도다' 가사가 있다. 나는 고난의 신비라는 말에 가슴이 뛰기 시작했다. 고난이 신비롭다고? 내가 어떻게 할 수 없는 암이라는 영역은 인간의 영역이 아니다. 하나님이 하셔야 하는 신의 영역인 것이다. 인간의 고난은 하나님이 일하기 시작하는 신비의 영역이다. 편안하고 즐거울 때는 알 수 없는 영적인 세계, 고통의 눈물이 찾아올 때 하나님의 신비로움을 경험하게 된다. 예수님도 십자가라는 고난을 통해 부활하셨 듯 암을 통해 내 안에 하나님의 신비로운 역사를 기대하게 되었다.

나는 아픈데 꽃들이 만개했다.

걸음마다 패랭이꽃이 손을 흔들어주었고 이팝나무가 하얗게 허공을 수놓았다. 꽃사과나무의 꽃이 얼마나 아름다운지 입이 다물어지지 않았다. 어느 인간이 이렇게 아름다운 꽃 한 송이를 피울 수 있을까. 신비한 자연의 섭리를 이끌어 가시는 하나님을 생각할 때 그 분의 크심이 실제적으로 다가왔다.

때죽나무가 댕댕, 세상을 향해 하늘의 종소리를 울리고 있었다. 나는 저 꽃보다 얼마나 귀한가. 꽃이 피어나기 위해 애쓰는 고통처럼 내 삶의 꽃을 피우기 위해 나도 지금 이토록 아픈 것일까? 자연의 섭리를 보며 감동하는 건 암

환자에게 좋은 엔돌핀을 선물해준다. 감격으로 그치지 않고 그 자연을 만드시고 기르시는 하나님을 알 때 더 큰 감동과 높은 차원의 영적인 눈이 열린다. 나는 기도했다.

'하나님, 이 아름다운 봄을 내년에도 볼 수 있게 병든 나를 일으켜주세요.'

소설을 덮은 지 몇 달이 지났다. 내가 만약 그때 응급실에서 죽었다면 완성되지 못한 이 소설은 폐지에 불과했다. 쓰다만 소설을 과감히 버렸다. 왜 솔로몬이 인생은 헛되고 헛되다고 표현했는지 알 것 같았다. 하나님께 내 인생을 묻지 않고 살았던 순간들이 떠올랐다.

사울왕은 하나님께 묻지 않은 죄로 죽었다고 성경은 기록하고 있다. 자기 생각대로 권력을 위해 다윗을 죽이는데 목적을 두고 살던 사울은 신접한 자에게 물어보았고 그 행위가 하나님 보시기에 악했다고 말하고 있다. 나는 암이라는 고통을 통해 하나님께 사소한 일이라도 묻는 것이 일상이 되었다. 한 사람의 생애는 의미 없이 지나가지 않고 창조주의 시점에서 낱낱이 기록되기 때문이다.

> '생명을 연장시켜 주신 하나님, 어떻게 사는 게 하나님 뜻입니까. 내 인생을 당신께 묻습니다. 숨 쉬는 것

도 내 것이 아니고 내가 살아가는 모든 것의 주인은 하나님이심을 고통가운데 고백합니다.'

나는 책 욕심이 많았다. 문득 책장을 보니 그렇게 아꼈던 책들이 쓰레기처럼 보였다. 이사 올 때마다 끌고 왔던 소설과 시집들을 내다버렸다. 하나님보다 사랑했던 흔적들을 버리기 시작했다.

파도가 땅을 덮치지 못하도록 바닷물의 경계를 정하신 하나님은 인간의 죽음의 경계를 정하신 분이다. 내 죽음의 경계에 계신 하나님의 존재가 더욱 실제적으로 다가왔다. 소소한 일상에서 하나님을 만나지 못하면 영원히 그분을 만나지 못할 것이다. 하나님은 우리 삶의 한가운데 계시기 때문이다.

인간이 태어날 때 자기 뜻이 1%도 없다. 인생이란 노아의 방주처럼 돛도 없고 닻도 없고 키도 없는 방주에 담겨 바다가 데려다주는 곳으로 흘러갈 뿐이다. 내가 계획한 인생은 추리소설이었지만 고통을 겪다보니 지금 해야 할 일은 이 길이 아님을 깨달았다. 나를 새로운 파도 속으로 이끌어가는 하나님의 뜻을 구하며 아파트 둘레를 걸었다. 안개가 깔리고 비는 더욱 굵어졌다. 아파트 구석진 담벼락에서 하나님의 임재를 강력히 느껴 걸음을 멈추었다. 하나님이 내 앞에 계심을 느낄 수 있었다. 나를 사랑스럽게 보시는 하나님 앞에 내 영의 깊은 고백이 흘러나왔다.

'하나님을 마음 아프게 했던 저를 왜 이토록 사랑하십니까... 저도 하나님을 가슴 터지게 사랑합니다.'

소리 없는 통곡이 흘러나왔다. 하나님의 사랑이 내 심장에서 뜨겁게 퍼 올리고 있었다. 암은 나와 하나님의 관계를 더 돈독하게, 더 뜨겁게 사랑하게 만드는 매개체가 되었다. 그날 밤 꿈을 꾸었다.

꿈속의 우리 집은 파도가 넘실대는 해변의 아파트였다. 예전에는 1층에 살았는데 태풍이 오면 큰 파도에 통유리로 된 거실 창이 깨지면서 휩쓸려갔다. 이제 우리 집이 10층으로 이사했다고 한다. 10층에서 내려다보이는 바다는 잔잔해보였다. 큰 파도가 몰아쳐도 높은 곳에서 바라본 파도는 무섭지 않았고 파도가 창문까지 올라오지 못해 한없이 푸르고 아름다웠다. 같은 파도지만 높은 곳에서 바라본 파도는 무섭지 않은 것처럼 지금의 이 고통을 높은 시선에서 바라보는 연습이 필요했다. 이 꿈을 통해 고난을 바라보는 내 모습이 조금 성장했음을 느낄 수 있었다.

다음날 병원에 가기 위해 버스를 탔는데 비가 내리고 있었다. 수락산 전경을 보며 달리는데 하나님은 마음에서 내게 질문하셨다.

'너 만약에 암 걸리기 이전으로 돌아갈 수 있다면 다시 돌아갈래?'

갑작스런 질문에 잠시 생각했다. 암 걸리기 이전에 하나님을 알던 내 모습과, 암 걸리고 나서 고통가운데 만난 하나님의 사랑을 비교해보았다. 육신의 고통은 잠시 배제했다. 인생을 보는 깊이가 달라진 것은 돈으로도 살 수 없는 값어치였다. 마치 고난을 1층에서 바라보며 살던 사람이 10층으로 이사한 기분이었다. 나는 기어들어가는 마음의 소리로 대답했다.

'아니오, 돌아가고 싶지 않아요. 비록 몸은 고통스럽고 앞으로 수술과 항암이라는 큰 파도가 있지만... 암에 걸리지 않았으면 알 수 없었을 죽음의 진정한 의미와 하나님의 사랑이 너무 감사하거든요. 저 돌아가

지 않을래요.'

그렇게 대답하는 순간 눈물이 흘렀다. 창밖을 바라보며 비처럼 울었다.

겉으로 보기엔 똑같이 병에 걸리고 고난을 당하지만 그 겉모습이 인생의 전부가 아니다. 당장 내 앞에 기적이 일어나지 않아도 하나님이 나를 위해 내 인생을 이끌어 가심을 믿는다. 내 생명과 내일은 그분의 손안에 있기 때문이다. 사람들은 고통 받을 일이 없이 사는 게 복이라고 말한다. 나도 그렇게 생각했지만 지금은 아니다. 갑자기 들이닥친 고난 가운데 나를 기억해 줄 하나님이 없다는 게 불행임을 사람들은 모른다. 고난은 하나님이 얼마나 나를 사랑하는지, 얼마나 나와 가까이 계시는지를 눈으로 보게 되는 신비로운 힘이 있다. 고난의 창을 열면 보인다. 하늘의 신비가...

빗방울의 내력

방금 하늘에 있던 저 빗방울은 알고 있었어
하늘에서 열린 천상회의가 누구를 위함이었는지
비구름에게 어디를 쏟아 부으라고 했을까
싹쓸바람에게는 어느 쪽을 치라고 했을까

고난이 나를 선택한 건 우연이 아니었어
폭풍우가 몰아치던 날, 살아온 날들을 돌이켰어
내 안의 용서받은 허물들이 증발하고
나는 안개처럼 저 구름에 올라
하늘의 사람으로 흘러갈 수 있었지
빗방울, 너처럼 말이야

고통이라는 창을 열어야지
지금 찾아온 절망은
하늘 문을 여는 열쇠니까

5

특별한 산에 오르다

수술을 위해 입원했다. 암이 커지는 고통은 수술을 더욱 기다리게 했다. 수술 전 검사를 마치고 두 군데 암 조직에 얇은 철사를 끼우는 과정을 거쳐야 했다. 수술 설명을 하는 의사선생님께 이것만은 빼 달라 애원했지만 소용없었다. 11시에 침대에 실려 영상의학과로 들어갔다. 마취를 해 달라 했지만 수술에 지장이 생겨 안 된다고 했다. 수술보다 더 무서웠지만 다른 분도 잘 받고 수술하러 간다며 선생님이 나를 설득했다. 어차피 가야할 길이었다. 많이 아픈 걸 못 참는 나는 주님을 찾았다.

"주님, 인생이 어떻게 푸른초장만 있겠어요. 저도 알아요. 저는 지금 사망의 음침한 골짜기 앞에 있어요. 겁도 많아서 혼자 못가요. 주님의 이름을 위해서 저를 인도해주세요. 사망의 음침한 골짜기로 들어가도 해를 두려워하지 않는 것은 주님의 지팡이와 막대기가 나를 안위하시기 때문입니다. 주님이 있어서 저는 안전합니다. 저! 씩씩해질게요."

초음파로 암의 위치를 찾은 후 맨살을 뚫고 들어간 철사가 암 덩이에 닿았다. 암을 뚫는 고통은 이를 악물게 했다. 암은 참 단단했다. 두 개의 철사가 양쪽 암을 뚫고 들어가는 동안 선생님이 내 손을 잡고 용기를 주셨다. 1시 수술이라 그 상태로 수술실 복도에서 천장을 바라보며 기다렸다. 철사 때문에 침 삼키기도 힘들었지만 시편 136편을 암송하다보니 시간이 금방 흘렀다.

림프절 제거와 왼쪽 전절제, 오른쪽 종양 제거까지 5시간의 수술이 끝나고 회복실에서 깨어났다. 눈을 떠보니 극심한 고통이 기다렸다. 인간이 겪을 수 있는 통증이 아니었다. 마취가스가 입에서 터져 나와 속이 뒤집혔다. 아프다고 소리쳐도 답이 없는 회복실, 관 뚜껑을 열고 들어가야 할 것만 같았다. 몸부림치는 내 영혼을 보고 계시는 하나님이 느껴졌다. 한계에 도달한 아픔에 참을 수 없어 하나님께 정색하며 마음으로 외쳤다.

'하나님, 저한테 왜 이러세요. 여기가 무덤인가요? 아! 이건 인간이 겪을 수 있는 고통이 아니에요. 제발 나를 어떻게 좀 해주세요.'

병실에 돌아왔지만 극심한 고통은 밤새도록 나를 괴롭혔다. 사라진 왼쪽 가슴과 임파선 절제로 겨드랑이가 파여 너무 아팠다. 입에서 나오는 마취가스는 독가스 같았다. 두 다리는 마비된 것처럼 얼어있었고 발등에 꽂힌 주사바늘로 오른발이 퉁퉁 부어있었다. 혀는 쩍쩍 갈라져 호흡하기도 힘든데 진통제를 연달아 투여해도 통증은 더 심해질 뿐이었다. 수술부위가 아픈 건 당연하지만 내 연약한 육체가 견디기엔 풍선처럼 터질 것 같은 고통이었다. 아침이 오기 전, 잠깐 잠들었고 나는 신비한 꿈을 꾸었다.

【버스를 타고 어디론가 가고 있었다. 버스에는 나를 포함 세 명이 타고 있었다. 갑자기 하늘에서 내려온 U자형 밧줄이 내가 탄 버스 양쪽을 감아 허공으로 끌어올리고 있었다. 수많은 버스 가운데 내가 탄 버스가 선택되었는

데 기사아저씨는 순응하듯 두 팔을 핸들위에 걸치고 허공을 응시했다. 그랜드캐년 같은 높은 협곡에서 내려온 밧줄이었다. 나는 점점 땅하고 멀어져 무서워서 내리겠다고 창문을 두드렸지만 소용없었다. 내 의지와는 상관없이 그 버스는 협곡 정상을 향했다. 정상에서는 열심히 밧줄을 통해 사람들을 끌어올렸다. 창문에서 보니 어떤 남자가 나처럼 선택되었는지 산위에서 내려준 밧줄과 안전띠를 허리에 차고 혼자서 그 산을 오르고 있었다. 나보다 더 위험해보였지만 나보다 씩씩했다. 내 버스가 정상에 도착하자 드디어 차에서 내렸다. 그곳에서 일하는 분들은 천사 같았다. 어떤 한 분이 이곳에서 세상을 바라보면 하나님의 뜻을 알 수 있다고 말했다. 고소공포증이 있는 나는 오금이 저렸지만 그곳에서 본 하늘과 풍경은 한 번도 보지 못한 절경이었다. 천국의 일부를 본 것 같은 웅장함이었다. 그때 더 자세한 풍경을 보여주겠다며 경비행기가 내 앞에 도착했다. 맨 뒷자리에 탔는데 난 겁이 많으니 집에 가고 싶다고 말했다. 그 때 내 옆에 있던 분이 그런 나를 안심시키며 안전벨트를 찰칵, 채워주었다. 그의 눈빛은 말하고 있었다. 사람들은 이곳에 올라오기 전까지는 몰랐지만 올라오면 알세 된다고... 우리 인간이 얼마나 헛된 일에 소란하다가 헛되게 죽는지를... 이곳은 말씀의 돋보기로 인생을 보며 하늘의 사람으로 새롭게 태어나는 곳임을.

아! 하나님이 암이라는 고통의 산으로 나를 부르셨구나. 이곳은 말씀의 산이구나. 어쩌다 일어난 고난이 아니라 하나님의 뜻에 의해 내가 불려온 거구나. 한치 앞도 모르지만 내 의지보다 크신 하나님의 계획이 이 말씀의 산에서 깨달아질 것이라는 감동을 받았다. 높은 곳이지만 안전하다는 확신과 함께 꿈에서 외쳤다. 아! 나 살았구나.】

이 꿈이 내게는 신비로웠다. 처음 암 진단을 받고 하나님께 질문했던 게 떠올랐다.

하나님, 왜 암이라는 고통으로 나를 부르셨어요? 하나님의 뜻이 뭐에요. 거기에 대한 답은 하나님의 주권이었다. 극심한 고난을 받았던 욥은 구약의 아브라함시대 사람으로서 오래된 인물이다. 지금으로부터 4천 년 전에 살았던 욥은 만유인력과 지구의 구조도 알았지만 자신의 고난이 어디서 왔는지를 알지 못했다.

욥기 28장 23절에 하나님이 그 길을 아시며 있는 곳을 아시나니 이는 그가 땅끝까지 감찰하시며 바람의 무게를 정하시며 물의 분량을 정하시며 비 내리는 법칙을 정하시고 비구름의 길과 우레의 법칙을 만드셨음이라.

욥은 바람의 무게를 정하시며 비 내리는 법칙을 정하신

하나님이 내 고난이 어디로 가는지 알고 계심을 고백하고 있다. 고난의 무게를 정하시고 감당할 만큼의 고난을 주시며 그것을 이겨나갈 법칙도 우리에게 알려주시며 그 길을 동행해주신다는 것을 깨달았다. 소설의 작가가 주인공이 당하는 고난의 원인과 결말을 알고 있는 것처럼... 그래서 인생은 가까이서 보면 비극이지만 멀리서 보면 희극이다.

고난은 나를 말씀의 산으로 불러주었고 거기서 하늘을 부어주셨다. 어떤 목사님이 내게 말씀하셨다.

> "고통스런 그 암이 하나님의 선물일줄 어떻게 알겠어요. 이 땅의 세계관으로 보면 암이 무섭지만 하나님의 세계관으로 보면 암이라는 고통 안에 귀한 선물이 들어있어요."

나는 이 말씀이 사람의 말이 아니라 하나님이 보내신 마음처럼 들렸다. 어떤 사모님은 이 고난을 통해 하나님이 쓰시는 귀한 인생이 될 거라고 위로해주셨다.

히브리어에는 우연이라는 단어가 없다. 지금의 이 모든 고난은 하나님의 섭리, 계획 가운데 있음을 인정하는 의미다. 인생들에게 닥친 고난도 결코 우연이 아니다. 하나님이 주신 이 꿈은 죽을 것 같은 고통을 하나님께 맡기며 남은 인생의 가치를 하늘에 비춰볼 수 있게 했다. 피주머니를 양쪽에 차고 조금씩 일어서고 있었다. 죽을 것 같았는데 그 순간도 지나가고 있었다. 고통의 그림에서 빠져나와 나를 향해 스케치한 하나님의 뜻을 한 걸음 물러서서 바라볼 수 있다면 고통은 더 큰 의미를 갖는다.

암에 걸리지 않을 거라는 막연한 확신에 암보험도 들지 않았다. 병원비를 걱정했는데 중증질환자로 등록되어 보험적용이 되었고 나를 위해 기도해주시는 분들이 보내준 사랑으로 병원비 걱정 없이 수시로 암병동에 입원하며 치료받을 수 있었다. 모든 것이 은혜였다.

죽음의 문턱까지 가보니 자꾸 묻게 된다. 인간은 어디서 와서 어디로 흘러가는지를... 그러면서 말씀의 실체가 고통이 심할 때 선명하게 깨달아졌다.

헬라어로 인간은 '안드로포스'다. 즉 위를 바라보는 존재, 얼굴을 들어 하늘을 본다는 의미다. 우리가 하늘을 올려다봐야 하는 이유는 내가 가야할 본향이 천국이기 때문이다. 모든 인간은 죽음이라는 불치병을 가진다. 돈이 많아도 다 죽는다. 내가 어떻게 죽을지에 대한 죽음의 참된 가치관이 없으면 불행한 인생이다. 죽음이 끝이 아니기 때문이다. 떠날 준비를 살아있을 때 해야 한다.

고난은 신비롭다. 하나님의 아들인 예수께서 십자가의 고난을 견디지 못했다면 인류의 구원은 없었을 것이다. 그가 찔림은 우리의 허물 때문인데 그가 징계를 받으므로 우리가 평화를 누리고 그가 채찍에 맞으므로 우리가 나음을 입게 되었다. 그 십자가는 죽음으로 끝나지 않고 부활을 안겨주셨다. 그것을 믿는 우리도 죽음이 끝이 아니라 부활이 약속되어 있다. 고난은 고난으로 끝나지 않는다. 내가 겪는 이 고난마저 하나님의 손에 있다고 믿으면 고통을 이겨내는 신비로운 힘이 생긴다. 고난의 주체가 내가 아니라 하나님께 있기 때문이다.

지금의 고통은 하늘과 땅의 경계선을 뚫어주는 재료가 될 것이다. 하늘의 원리는 고난을 겪지 않고는 알 수 없기에 진짜 복된 자는 고난을 통과하게 되어 있다. 이 사실을 알면서도 나만큼은 고난을 겪지 않고 평안히 살기를 바라지 않았던가.

암이라는 고통의 깊이만큼 내 안에서 하늘의 원리가 펼쳐진다. 답이 없는 곳에서 응답하셨고 절망의 자리에서 만나주셨던 하나님, 그 분은 내가 신음하고 고통 받는 모든 곳에 있었다.

퇴원하고 집에 와서 산책을 나갔다. 내가 없는 사이 개망초꽃들이 크게 웃자라 있었고 녹음이 짙어졌다. 수국들이 활짝 꽃피우는 걸 보면서 생각했다. 겨울동안 시들었던 들꽃도 비바람을 맞으며 이렇게 회복하고 성장하는구나... 내 상처도 회복시켜주시는 하나님의 손길이 섬세하게 다가왔다. 개망초꽃을 한참 바라보았다. 내 질병을 통해 나를 순금같이 단련시키시는 하나님의 마음이 아버지처럼 뚜벅뚜벅 다가오고 있었다.

하늘 창가에서

암병동 8층 창가, 뭉게구름이 떠오른다
하늘이 가까워서인지
누군가는 열린 하늘 속으로 들어가고
누군가는 고인이 남기고 간 시간으로 살아간다
구름과 마주보고 누워
하늘을 닮은 사람으로 다시 태어나고자
나는 지금, 고통을 투약중이다

6
마음이 병을 고친다

나를 두고 다학제 진료가 열렸다. 기저질환이 많은 이 환자를 어떻게 치료할 것인가를 두고 교수진들이 모여 회의를 했다. 의학드라마의 한 장면 같았다. 기대수명이 많은 나이에다 임파선 전이가 되어 3기에 가까워 항암을 해야 했다.

항암만은 안 하게 해 달라 기도했었다. 이것만큼은 안 되게 해달라는 기도는 참 부질없는 기도 같다. 교회개척만은 안 하게 해달라고 몇 년을 기도했는데 결국 교회를 개척했고 암에 걸리지 않게 해 달라 기도했는데 암에 걸렸다. 한편으론 내 기도를 안 들어주셔서 감사했던 기억이 있다. 18년 전 아빠가 간암으로 임종을 앞두고 있을 때, 믿음이 약한 아빠가 걱정돼 내가 임종을 지키기를 기도했다. 그러다 아빠가 컨디션이 잠깐 좋아져 울산 집으로 내려갔는데 그날 밤, 갑자기 상황이 악화되어 오빠가 임종을 지켰다. 돌아가실 때 아빠의 얼굴은 가장 활짝 웃는 얼굴로, 입이 귀에 걸린 채로 함박웃음을 지으며 숨이 멎었다고 한다. 철저한 무교였던 오빠는 아빠의 돌아가시는 모습에 큰 충격을 받았다. 믿은 지 얼마 안 된 아빠가 죽음의 순간, 저리도 기쁘게 웃을 수 있는 이유는 무엇인가. 평소 신앙을 갖는다면 알라를 믿겠다고 큰소리치며 기독교를 싫어했던 오빠가 아빠의 죽음을 보고 천국이 있음을 확신하고 그때부터 예수를 믿었다. 만약 내 기도를 들어주셔서 오빠가 임종을 지키지 못했다면... 오빠의 구원의 기회는 없었을지도 모른다. 내 기도를 들어주지 않아 감사했던 그때의 기억은 지금도 하나님의 뜻을 묻게 되는 경험이 되었다.

수술의 큰 파도가 지나갔지만 몸이 많이 지쳐있었다. 수술하고 생긴 심한 두통이 약으로도 되지 않아 한방병원에 입원 중이었다. 두 가지 항암세로 치료방향이 정해진 후 병실로 돌아왔다. 땅이 꺼질 것 같은 통증이 지속되었다.

이런 몸으로 항암을 해야 한다니! 간도 심장도 힘든데 항암이라는 더 큰 파도에 휩쓸려갈 것을 생각하니 감당 못할 눈물이 흘렀다. 창밖에는 폭우가 쏟아졌다. 비를 가까이 보고 싶어 억지로 일어나 병원 1층 유리문으로 된 작은 정원으로 향했다. 유리문에 부딪히는 비를 보다가 나는 놀라운 모습을 발견했다. 콘크리트 바닥에 뿌리를 내리고 있는 수호초 풀이 비바람에 세차게 흔들렸다. 나 같아서 눈물이 흘렀다. 저 작은 생명도 시멘트 바닥에 뿌리를 내리느라 고생했을 텐데 폭우에 거센 바람까지... 그런데도 저렇게 씩씩하게 잘 견디고 있구나... 저 풀에게는 적어도 절망이나 포기를 찾아볼 수 없었다. 오히려 두 팔 벌려 폭우를 즐기는 것처럼 보였다. 어찌 보면 태생부터 약골로 태어나 죽을 고비를 넘겼던 내가 지금까지 살아 있는 것도 기적이 아닐까. 비바람에 흔들려도 뿌리가 뽑히지 않는 수호초처럼 지금의 고통에 절망하지 않기로 했다.

'그래, 살고 죽는 문제는 내게 있지 않아. 모두 하나님 손에 있어. 난 그분만 의지할거야.'

"하나님, 한 번도 가보지 않은 고통스런 항암의 시간이 내게는 행복한 시간으로 추억되게 도와주세요."

그렇게 기도했다.

퇴원하는 날 두통은 해결됐지만 일어날 힘이 없었다. 코로나로 보호자가 올라오지 못해 혼자 짐을 싸야 하는데 온몸에 식은땀이 나며 손끝하나 움직일 수 없자 나를 안쓰럽게 보던 옆의 환자들이 내 짐을 꾸려주었고 휠체어에 태워 1층까지 데려다주었다. 이제 내게 닥쳐오는 폭우를 온몸으로 맞으러 나갈 때가 된 것이다.

(항암 1차)

항암의 현실은 여전히 꿈을 꾸듯 겁이 났다. 소소한 행복을 누리던 나에게 사망의 골짜기로 불려온 느낌... 그 꿈처럼 말씀의 산에 불려왔다는 걸 잊고 현실에 매몰되었다. 어떤 분은 그 힘든 항암을 어떻게 견디겠냐며 같이 울어주었다. 내 뜻대로 되기를 강요할수록 인생은 반대로 흘러갔다. 바다 속이 청소되기 위해서 태풍이 꼭 필요한 것처럼 내 영혼의 결말이 아름답기 위해서는 이런 고난이 필요함을 인정하지 않을 수 없었다.

무너진 건물을 새로 짓기 위해선 허물어야 할 것들이 있다. 폐허 가운데 새롭게 건축되는 것처럼 나는 항암이라는 고통의 망치를 통해 이전의 나를 허물고 하늘의 사람으로 새롭게 건축되고 있었다. 어긋난 뼈가 제자리를 찾아 가는 것처럼.

새롭게 변화된 삶의 건축이기에 하늘의 도움이 필요하다. 하늘의 원리는 고난을 통과하지 않고는 얻어낼 수 없기 때문이다.

내 인생의 작가이신 그분이 나를 집필하고 있는 이 순간, 내가 할 일은 무엇일까. 이 고난의 파도를 그분과 함께 이겨내는 것뿐이다. 그래, 특별한 고난은 특별한 사람에게만 찾아와. 그렇다면 고통 속에 감춰진 보화는 무엇일까. 성경을 읽다가 창세기15장 1절 말씀에서 보화를 캐내었다.

> '아브람아! 두려워하지 마라. 나는 네 방패요 너의 지극히 큰 상급이니라.'

두려움에 떨고 있는 아브람에게 하신 말씀이었다. 이 말씀에 내 이름을 넣어 읽었다. 두려운 그 일에 하나님이 친히 방패가 되어주심을 믿을 때 하나님 자신을 상급으로 내게 주신다니! 나는 이 말씀이 그렇게 큰 선물인지 암에 걸리고 나서야 깨달았다. 성경에는 두려워하지 말라는 말씀이 365번 나온다. 매일 우리는 두려워할 일 속에 살고 있다. 건강할 때는 눈여겨보지 않았던 말씀이 암이라는 고통 속에서 빛을 발한 셈이다. 이제 항암의 현장에서 온몸으로 방패 되어주시는 그분을 만날 차례다.

첫 항암을 위해 입원하여 케모포트 삽입시술을 받았다. 하나님이 내 방패라는 확신으로 두려움 없이 받았지만 현실의 고통은 나를 울게 했다. 심장 위에 항암주사를 맞을 관을 심었다. 마취를 했지만 살을 찢고 관을 넣고 꿰매는 게 고스란히 느껴졌다. 관이 가슴에 박혀있다는 게 불편하고 아팠다. 이래서 사람들이 암을 무서워하는구나. 암 환자가 아니면 알 수 없는 고통을 건너며 모든 암환우들이 남 같지 않았다. 울고 있는 그들의 손을 잡아줄, 같은 눈물이기를 소망했다.

항구토제와 간염치료제를 복용하고 항암주사를 맞았다. 항암의 붉은색 링거는 색깔부터 압도적이었다. 환자들이 두려워하는 빨간 약은 독소루비신, 사이클로포스파마이드였다. 어떤 환자는 지나다가 빨간색만 봐도 구토할 정도라며 빨간 약에 대한 공포를 드러냈다.

모든 고통과 두려움은 마음에서 출발하기에 마음에서 지고 싶지 않았다. 창세기 15장1절 말씀을 방패로 내세웠다. 하나님을 믿는 자에게 하나님 자신을 선물로 주시는 축복만큼 좋은 게 어디 있을까. 실제로 독생자 아들 예수를 인간을 구원하기 위해 십자가에 내어주셨다. 그렇게 독생자 아들을 내어주신 이가 우리를 위해 무엇을 아끼지 않겠는가를 생각했다. 그래서 저 붉은 항암을 주의 보혈로 바라보았다. 내 몸의 암세포를 죽이는 항암의 과정은 결국 나를 살리는 일이 될 것이다. 어느새 두려움이 사라졌다.

하나님의 응답은 말씀에서 시작된다. 우리는 당장 내 눈앞에 돈이 보이고 건강이 회복되어야 하나님을 믿는다. 그러나 하나님은 먼저 말씀으로 응답하시는 분이다.

칼 사이먼튼의 '마음 의술' 이라는 책이 있다. 암환자들의 심리치료의 큰 역할을 했던 분이다. '마음이 병을 만들고 마음이 병을 고친다' 며 암치료에 있어서 중요한 마인드를 소개하고 있다. 긍정적인 목표를 가지고 그 목표를 시각화시키고 이미지화해서 훈련하는 것이다. 말기 암인데 장수하는 사람이 있고 초기 암인데 일찍 세상을 떠난 분들도 의외로 있다. 긍정적인 마인드를 이미지로 시각화하여 자기 몸에 대한 긍정의 믿음을 불어넣는 것은 암 치료에 있어 매우 중요하다. 마음에서 지면 치료효과도 떨어지기 때문이다.

> 요한복음 15:7절 너희가 내안에 거하고 내 말이 너희 안에 거하면 무엇이든지 원하는 대로 구하라 그리하면 이루리라

우리가 하나님 안에 거하기 위해서는 말씀이 내 입에 있어야 하고 그 말씀을 믿어야 하나님이 일하기 시작한다. 하나님이 누구인지 아는 게 응답의 시작인 것이다.

창세기 15:1절 말씀을 의지했더니 붉은 주사액이 몸으로 들어올 때 내 마음에 영화처럼 그림이 펼쳐졌다. 하나님이 마련하신 금방패 안에 내가 숨어 있고 주님은 화살로 암세포를 백발백중 맞추고 있는 장면이었다. 방패 속에 숨어 나는 안전하다는 확신이 밀려왔다. 그 와중에 병원밥이 나왔다. 마음이 평안하니 밥을 맛있게 먹을 수 있었다.

마치 영화 속 주인공 같았다. 남주가 여주를 지키기 위해 사신의 몸으로 방패삼아 여주를 지키며 전쟁에 몸을 던지는 장면이었다.

'네가 나를 믿었으니 내 자신을 너를 위해 줄 거야.'

약속의 말씀이 믿어지니 나는 더 이상 항암이 무섭지 않았다. 전쟁터 같은 항암의 시간이 평온해졌다. 주사를 맞다보니 심장이 두근거려 잠시 멈추고 초음파검사를 받았다. 항암은 심장에 안 좋은 영향을 줄 수 있기에 여러 변화에 예민해야 했다. 한 두 시간이면 끝날 항암을 나는 밤새도록 천천히 맞았다.

첫 항암의 시간, 나를 위해 온몸으로 싸워주시는 주님의 사랑을 신뢰하고 나니 항암을 끝까지 마칠 수 있다는 확신이 들었다. 우리 몸이 가진 놀라운 회복력이 마음에서 출발한다는 것을 암에 걸리고서야 깨달았다.

여기서 한 가지, 중요한 원리가 있다. 하나님을 믿으면 만사형통해야 하고 당장 암이 녹아야 하고 고통도 비껴가야 하나님이 함께 한다고 믿는 사람이 많다. 그렇지 않다. 만사형통의 성경적 의미는 내 뜻대로 되고 내 원대로 이뤄지는 인생이 아니다.

요셉은 보디발장군 집에 노예로 있으면서 억울한 누명을 쓰고 감옥에 갇혔을 때 하나님이 함께 하시므로 형통한 자가 되었다고 기록하고 있다. 애굽의 총리가 되었을 때 형통하다고 말하지 않고 요셉의 형편이 가장 절망적일 때 형통하다고 말씀하고 있다.

눈물의 터널을 지나는 이 순간 나도 가장 형통한 자가 될 수 있다. 고통가운데 함께 하시는 하나님의 손이 나를 붙잡아주시기 때문이다.

주사를 천천히 맞다보니 항암의 실체를 마주보게 되었다. 눈에 따가운 통증이 심해지고 실핏줄이 터져 치료를 받았다. 얼굴의 홍조가 심하고 속이 울렁거려 잠을 잘 수 없었다. 암과의 전투가 맹렬했음을 알 수 있었다. 고통이 시작되었지만 주님이 함께 하시므로 내 마음은 형통한 자였다. 주님께 질문했다.

> '주님이 함께 하지만 항암의 부작용이 너무 고통스러워요.'

그때 내 마음에 그림이 펼쳐졌다. 수술과 항암이라는 두려운 파도가 나를 덮치려 할 때 내 손을 잡고 큰 파도를 타게 하신 주님이 보였다. 밤새 폭풍우가 내 몸에 몰아쳤지만 주님의 손을 잡이시인지 두려움이 사라신 나는 불위로 걸어가는 믿음도 보였다. 태풍이 지났는지 나만 홀로 파도에 쓸려가 해변에 지쳐 누워있었다. 밤새 함께 하시던 주님이 보이지 않아 어디 계시냐고 그분을 찾았지만 잔잔한 물결이 내 발등을 덮으며 말하는 것 같았다.

이제 잔물결만 헤쳐 나가면 된다고...

연약한 내가 겪기엔 잔물결도 힘들지만 큰 파도에 휩쓸려가지 않고 살아 있으니 얼마나 감사한가를 생각했다. 1차를 마치고 퇴원했는데 입안이 다 헐고 목소리도 나오지 않았다. 쿨렁쿨렁, 목구멍에서 파도가 쳤다. 단백질이 빠져나갔는지 기운이 없어 땅을 파고 들어가는 것 같았다. 물을 많이 마셔야 하는데 생수는 구역질을 유발해 페트병 보리차를 마셨다. 화장실까지의 짧은 거리가 멀게 느껴질 만큼 울렁거림은 나를 힘들게 했다. 아이스크림이나 시원한 주스를 마시니 조금 가라앉았다. 입이 써서 맛을 모르지만 살기 위해 먹었다. 병원에서 잘 먹지 않으면 항암을 이길 수 없고 심각한 부작용이 찾아오니 무조건 잘 먹으라고 했다. 채식만 하거나 잘 먹지 않아 체중이 빠지면 항암 치료제도 듣지 않는다. 항암할 때 고기를 먹지 않는 암환자는 암 때문에 죽는 게 아니라 기운이 없어 치료를 견디지 못해 죽는다고 암전문 박사님이 말씀하셨다. 그래서 하루 한 번은 고기를 먹으려고 애썼다. 내가 뭐가 먹고 싶은지를 항상 고민했고 과일을 옆에 두고 매콤한 음식을 먹기도 하며 입맛 당길 수 있는 방도를 고민했다.

나는 요리에 대해서는 똥손이다. 뭘 해도 맛이 없다. 비빔국수가 먹고 싶어 레시피를 보고 양념장을 만들었는데... 텁텁하고 맛없는 국수를 한 입 먹으니 있던 입맛까지 달아나서 버릴 수밖에 없었다. 항암하면 입덧하는 사람처럼 입맛이 까다로워진다. 반찬가게에서 나물을 샀는데 너무 짜서 손이 가지 않는다. 돌아가신 지 25년이 넘었는데 엄마가 해주던 나물 반찬이 그립다. 남편이 백숙이나 매운탕을 포장해오면 그나마 먹을 수 있었다.

밤에는 잘 수 없는 게 가장 힘들었다. 많이 자야 한 두 시간, 자다 깨면 식은땀이 온몸을 적셨다. 항암제가 들어가면 각성제를 먹은 것처럼 정신이 또렷해지며 일주일동안 잠이 오지 않았다. 힘든 몸으로 이 밤을 어떻게 견딜까를 생각했다. 코믹영화를 보며 잠시 고통을 잊으려고 애썼다. 인도영화의 세얼간이, 나니아연대기는 몇 번을 봐도 재밌다.

항암 중에도 많이 웃어야 한다는 치료원리를 듣고 나서 웃을 일을 생각했다. 웃으려면 모든 게 감사해야 했다. 암에 걸려 하나님의 큰 사랑을 받아서 감사, 남편이 곁에 있어서 감사, 동생이 토요일마다 와줘서 감사, 아들을 살려주신 은혜 감사, 나를 사랑해주는 분들이 있어서 감사, 감사의 문장을 노트에 적다보니 백가지가 넘었다. 그전에는 당연하던 것들이 얼마나 귀하고 감사한가를 돌아보았다.

항암을 맞고 일주일 정도 지나면 통증도 서서히 줄고 잠이 왔다. 2주가 지나면 조금 기운이 났다. 이때 다음 항암을 위해 단백질 위주의 식사를 먹어둔다. 오심이 올라올 때 신선한 공기를 마시면 좀 줄어드는 것을 경험했다. 조금 살만해진다 싶으면 어김없이 다음 항암일이 다가온다. 생각해보니 항암은 고통 그 자체였지만 나를 위해 기도해주는 지인들의 응원을 많이 받아 고비를 넘기는 힘이 되었다. 이 은혜를 갚고 싶어 꼭 살아야겠다는 의지가 더 생겨났다.

(2차 항암)

1차 항암 후 두피의 통증이 심해지고 머리가 빠져 집 앞의 미장원에 갔다. 민머리가 되는 건 두렵지 않았다. 성경에 머리털을 민다는 의미를 생각했다. 일반인의 영역에서 제사장을 수종드는 영역으로 즉 구별된 레위인의 위임식 때 머리털을 민다. 이전의 살았던 내 생각과 행동, 모든 잘못된 습관들과 이별하는 의식인 것이다. 땅의 원리로 살던 사람이 하늘의 원리로 살아가는 의식이라 생각하며 거울을 보았다. 머리가 없는 내 모습이 의외로 이상하지 않았다.

내가 주인으로 살던 인생에서 벗어나 하나님이 내 인생의 주인으로 모시는데 필요한 의식이라고 생각하니 하나도 슬프지 않았다. 숱도 많아 한 무더기 떨어졌다. 헛되고 헛된 일에 목숨 걸던 내 모습을 버리는 것 같았다. 깎아 놓은 밤톨같이 두상이 참 예쁘다며 원장님이 말없이 안아주셨다. 선물 받은 가발이 있어 머리가 없는 건 문제되지 않았다. 나도 언젠가 암으로 고통 받는 사람들을 위해 따스한 위로가 되어 줄 것을 생각하니 지금의 과정이 새로운 희망으로 다가왔다. 인생의 출발선에 서 있는 느낌이었다.

항암의 부작용은 개인차가 심하다. 어떤 분은 항암하며 직장생활을 하는 분도 있다. 항암은 할 때마다 부작용이 다르다. 입원 중에 만난 환자들 얘기를 들어보면 나처럼 힘든 사람은 많지 않았다. 항암하면 냄새에 상당히 민감해진다. 양치할 때 수돗물로 입을 헹구면 물비린내가 나서 구역질이 났다. 엘리베이터를 타면 아무도 없는데 방금 누가 내렸는지 알 수 있을 만큼 그 사람의 체취가 느껴졌다. 술이나 니코틴 냄새가 나면 속이 뒤집혀 숨을 참았다. 향수냄새는 구역질을 유발하는 1순위였다. 집안에 방향제 같은 화학적인 향은 모조리 치웠다.

유방암의 항암제는 심장에 무리를 주는 약제라고 했다. 기저질환이 많은 내가 가장 견디기 힘든 건 새벽 1시쯤 찾아오는 심장의 고통이었다. 심장질환 때문인지 심장이 쿨러덩 요동치면 놀란 토끼처럼 깨어나고 숨이 차서 그대로 밤을 지새웠다. 심한 몸살처럼 아프고 어지럼증이 심해졌고 두피는 고슴도치처럼 따가웠다. 내 고통은 왜 이리 길고 끝이 안보이냐고 하나님께 토로했다. 고통스러우니까 하나님을 더 갈망하게 되었고 갈망하는 만큼 하나님이 내 안에서 숨 쉬는 게 느껴졌다. 아픈 밤에는 하나님이 내게 말씀하시는 고요한 시간이 되었고 항암일기를 쓰며 고통 가운데 나를 안아주신 하나님을 기록하는 일이 하루를 버틸 수 있는 힘이 되었다. 병원에서는 다른 곳에 관심을 집중하도록 영화를 보거나 음악을 들으면 도움이 된다고 했다. 신나는 찬양을 즐겨 들으면 아픈 현실에 매몰되지 않는 이점이 있어 주로 빠른 곡을 들었다.

항암의 횟수가 더해질수록 죽으려고 받는 것 같았다.

온 몸이 벼락 맞은 느낌, 이런 고통을 고통스럽게 바라보는 일은 얼마나 고통스러운가. 눈물이 뜻 없이 흘렀다. 고통을 고통스럽게 바라보는 자리에서 벗어나고 싶었다. 몇 달 전 지인이 코로나에 확진되어 생활치료센터에 입소해서 겪었던 일들이 다시금 떠올랐다. 아이도 어리고 사업장도 바쁘지만 모든 게 멈출 수밖에 없었다고 한다. 격리되어 들어간 시설은 아무것도 할 수 없고 지루한 공간이었지만 자신의 삶을 돌아보는 소중한 계기가 되었고 바빠서 놓치고 살았던 하나님을 고요히 바라볼 수 있는 귀한 시간이 되었다고 한다. 앞만 보고 달리던 우리 인생에게 잠시 격리되는 시간은 남은 인생을 더욱 기름지게 함을 나는 암에 걸리고 나서 깨달았다. 요셉도 억울한 누명을 쓰고 감옥에 갇혔을 때 그의 인생이 격리되었지만 감옥에 있었기에 꿈 해몽을 해줄 수 있었고 애굽의 총리까지 오르는 반전이 펼쳐진 것처럼 죽을 것 같은 항암의 고통은 어쩌면 남은 인생에게 큰 의미를 부여하는 전주곡 같다는 생각이 들었다.

수술 전 암이 커져서 오는 심각한 통증과 비교할 때 차라리 항암이 심리적으로 안정감이 느껴졌다. 이 시간을 잘 이기는 것을 목표로 삼았다. 항암의 시간은 지나갈 것이다. 암을 정복하는 과정인 만큼 견뎌야할 이유가 충분

하다. 고통은 그 자리에서 멈추지 않고 시간이 흐르며 희석되고 있었다. 너무 힘들 때는 나보다 더 힘들게 투병하는 사람들을 떠올렸다.

퇴원하고 집에 왔는데 소변에서 피가 나와 신장이 걱정되어 병원으로 다시 갔다. 병원에서 여러 검사를 하면서 다시 한 번 느꼈다. 내 몸의 모든 장기도 하나님이 주인이라는 것을... 하나님께 모든 문제를 맡기고 나니 아픈 현상에 몰두하지 않게 되었고 며칠 후 그 증상은 사라졌다.

(3차, 4차 항암)

항암환자를 대하는 가족들의 고통도 이만저만 아니다. 심리적으로 부담스럽고 환자만큼 스트레스를 받는다. 처음에 남편은 나를 어떻게 해줘야할지 몰라 힘들어했다. 어지러워 서있기도 힘든데 밥을 해 먹는다는 건 내게 또 다른 고통이었다. 남편이 없을 때는 배달음식을 먹거나 전날 음식을 데워먹었다. 긴 치료 시간을 이렇게 보낼 수 없어 남편에게 부탁했다. 먹는 문제에 신경을 써주고 저녁에는 집밥을 해달라고 했다. 내가 제일 먹고 싶은 건 어릴 때 엄마가 끓여준 된장찌개와 나물반찬이었다. 가끔 먹어본 시골스런 투박한 음식이 그리웠다. 남편이 레시피를 보고 정성스레 끓인 된장찌개는 그야말로 미국 맛이 났다. 차돌박이를 잔뜩 넣어 느끼했다. 투박한 맛을 원했지만 쉬운 일이 아니었다.

그래도 배달음식보다는 남편의 솜씨가 월등히 맛있었다. 닭볶음탕, 김치찌개, 고등어김치찜, 불고기 등 매일 최선을 다해 저녁을 지어주는 남편 덕에 그나마 먹고 힘을 낼 수 있었다. 항암이 더해질수록 남편은 먹는 문제에 신경을 썼고 아들은 빨래와 설거지를 도왔다. 암에 걸리고 나서 남편이 더없이 귀함을 깨달았다. 하나님이 왜 가정과 교회를 동일시하며 중요하게 여기셨는지 알 것 같았다.

항암의 독성이 여기저기로 삐져나왔다. 누웠다 일어나면 부러진 뼈를 일으켜 세우는 아픔에 한참 숨고르기를 해야 했다. 케모포트 때문에 오는 어깨통증은 해결되지 않은 눈물이 되었고 통증은 온 몸을 돌아다니며 나를 놀라게 했다. 발톱은 까맣게 죽어 빠질 듯 들려있었다. 온몸의 솜털까지 사라졌는데 코털이 없으니 미세먼지 심한 날은 목에서 피가 나왔다. 코피는 아침저녁으로 흘렀고 다리는 오후가 되면 심하게 부었다. 시간이 왜 이리 가지 않는지 하루가 천년 같았다. 자주 전화를 주시는 여든이 넘으신 병원교회 전도사님은 우리아들이 교통사고로 뇌수술 할 때 만난 귀한 인연이었다. 부군께서는 대장암 말기 판정을 받고 28번의 항암을 하셨다. 항암 하러 가는 날에는 전도사님이 '우리 남편, 오늘은 감기 예방접종하러 가는 날이네' 하며 손을 꼭 잡고 병원에 가셨다고 한다. 온몸에 전이가 되어 돌아가셨지만 힘든 과정을 옆에서 지켜보며 암환자의 마음을 알게 되었고 병원에서 수많은 암환자를 대하셨기에 나를 안쓰럽게 여기시며 말씀하셨다.

> "이제 빨간 약 세 번 했으니 한 번 밖에 안 남았네! 그 힘든 항암을 세 번이나 했으니 기특하고 장하네."

아직도 많이 남았다고 말하지 말고 벌써 이만큼이나 했네 앞으로 몇 번 밖에 안 남았어. 라고 생각하면 더 빨리 지나갈 거라며 긍정의 마인드를 심어주셨다. 병원에서 만난 많은 암환자 중에서 암의 원인을 두고 원망하는 사람은 치료효과도 떨어지고 결국 生을 마감하는 것을 많이 보았다고 하셨다.

> "남편 때문에 부모 때문에, 암에 걸렸다고 원망하면 항암제도 잘 듣지 않고 결국 재발하거나 암을 이기지 못하고 가더라. 다른 병보다 특별히 암은 감사를 잘

하는 사람이 이기고 치료효과도 좋게 나오는 걸 나는 많이 봤지. 그만큼 사람의 마음은 암을 고치기도 하고 암을 악화시키기도 하는 놀라운 힘이 있어."

전도사님은 미국의 최고 암센터 김의신 박사님의 강연을 소개하셨다.

박사님이 암센터에서 치료할 때 휴스톤의 같은 교회 다니는 한국여성 3명이 난소암 진단을 받았다고 한다. 나이도, 진단받은 시기도 비슷했는데 한 분은 6개월, 한 분은 2년 만에 떠났고 한 분은 28년 동안 살았다고 한다. 그 차이는 암에 대한 태도와 투병자세였다.

6개월 만에 죽음을 맞이한 분은 암에 걸렸다고 분노했고 억울해했다고 한다. 2년 만에 돌아가신 분은 암 치료과정에서 의심이 많고 치료에 대한 신뢰가 없어 보였다고 한다. 28년을 사신 분은 남 탓하지 않고 감사하며 겸손히 기도했다는 차이점이 있었다고 한다. 이렇게 암은 육체뿐 아니라 보이지 않는 영혼의 영역까지 포함하는 걸 뜻한다. 작은 일에도 감사하며, 살고 죽는 문제를 신에게 맡기는 기도는 암을 치유하는데 큰 도움이 된다. 경쾌한 음악을 듣거나 교회성가대에서 찬양을 많이 부르는 사람은 암치료에 좋은 결과가 나온 것을 많이 보았다. 암은 절대 병원

치료만으로는 안 되는 질병이다. 마음치유, 영적치유가 함께 이뤄져야 한다. 암은 그래서 강력한 메시지이다. 죽음에 대한 메시지이자 동시에 삶에 대한 강력한 메시지이다.

나는 박사님의 강의 속에서 암을 대하는 방향을 다시금 새겨보았다.

항암을 견딜 수 있다는 확신을 1차 때 받았기 때문에 항암 자체가 무섭지 않았다. 단지 육체가 힘들 뿐이었다. 입안은 항상 헐어있었고 눈물샘이 망가졌는지 수시로 눈물이 줄줄 흘렀다. 발바닥은 디딜 수없이 아프고 고관절이 삐걱거려 앉았다 일어나려면 씨름하듯 일어서야 했다. 손가락이 아파 아무 일도 못하는데 신기하게 글씨 쓰는 건 덜 아파 항암일기를 쓸 수 있었다.

눈썹 없는 초췌한 얼굴이 거울 속에서 측은하게 나를 쳐다보고 있었다. 심장의 쪼이는 고통은 마음으로 죽음을 준비하는 시간이 되었다. 너무 힘들다보니 죽음이 온다면 감사히 받아들이자는 생각에까지 이르렀을 때 신기하게 고통의 임계점을 넘어가게 손잡아주시는 분이 주님이셨다. 시달린 후유증에 잠이 들었고 어제의 고통은 조금 감소되었다. 고통은 고통으로 끝나지 않았다. 그분의 사랑이 내 고통의 줄기 속으로 파고들어와 고통너머의 신비한 뜻을 볼 수 있게 하셨다. 감당 못할 고난이지만 절대자의 힘을 온전히 신뢰할 때 절대자의 힘이 발휘된다. 이것이 고난의 신비이다. 고난을 비껴가는 게 복이 아니라 그 고난의 임계점을 넘어가게 손잡아 주시는 예수님을 만나는 게 진정한 복이다.

질병과 죽음의 문제는 인간이 넘을 수 없다. 죽음 앞에서 모두가 연약한 인간일 뿐이다. 고난의 핵심인 큰 파도를 주님 손잡고 넘고 나면 잔물결을 헤쳐 나갈 힘도 주신다.

인생이 고난주간만 있지 않다. 고난을 잘 통과하고 나면 봄 같은 부활의 기쁨이 우리를 기다린다. 고난은 부활을 여는 열쇠다. 지금의 고난을 아름답게 해석하면 내 인생 최고의 의미로 메아리쳐 돌아올 것이다. 나에게 고통의 시간을 허락하신 하나님의 뜻이 있기 때문이다. 돌이켜보면 고통이 없었다면 어떤 삶이 진정한 가치인지 모르고 의미 없는 인생을 살다 갈 것이다. 암의 고통은 나를 하늘의 사람으로 새롭게 빚어가는 시간이었다.

항암이라는 가장 두려운 순간, 눈앞에 믿음의 그림이 펼쳐지는 건 내가 하나님의 말씀을 믿었기 때문이다. 하나님은 내가 믿은 대로 보여주시고 행해주신다. 이제 내 인생이 저물 때에도 어둠이 올 때에도 두렵지 않을 이유가 생겼다. 고난이 올 때마다 주님 손잡고 윈드서핑 하듯 파도를 타면 된다. 집채만 한 파도가 덮칠 무렵, 나를 일으키시는 주님의 손을 느낄 때 내가 존재하는 이유에 대한 답이 있었다.

지푸라기

우리가 마지막이라 여기는 그것을
소들이 먹는다
물에 빠진 이들이 붙잡는 부질없는 그것을 먹어치운다

절박함이 임계점을 넘는 새벽,

지푸라기를 잡고 강을 건너려던 사람들은 안개가 되었다
죽음의 경계에서 붙잡던 한 줌
절망의 기대에 자주 불려 다녔지만
그 한 가닥 굳게 믿던 이들도 때때로 증발되었다

기적은 사람의 눈에 보이지 않는 하늘의 동아줄
지푸라기를 되새김질 하는 소들의 콧구멍에
미처 붙잡지 못한 기도가 피어오른다

모과의 등불

잠들지 못하는 나무가 있다
마른 잎이 더 마른 잎을 안아주는 암 병동
통증의 촉수가 열리는 밤, 온몸이 바스락거리면
창밖의 모과나무도 불을 켠다

고통의 계절은 어떤 향기를 낳을까
가을에 몰아치던 태풍에도 나무는
노란 향기를 높이 매달았다
창 너머를 볼 수 있는 작은 힘에 감사할 때
혈관을 타고 온 말씀 한절에 심장의 커서가 깜박인다

두려워하지 마라…
나는 너의 방패가 되어 줄 거야…
나를 믿은 상급으로 내 자신을 너를 위해 줄 거야…*

뿌리에서 길어 올린 당신의 언약은
내 남은 시간을 하늘색으로 물들였고
죽음조차 아름다운 이름표가 되었다

그런 당신을 묵상하다보면 통증은 꾸벅꾸벅
촉수를 닫고 새벽미명을 불러온다

바람소리 지나간 후
당신 손에 들린 등불 하나 툭, 떨어진다

그는 낮은 곳으로 임하셨다

* 창세기 15장 1절 말씀 . 아브람에게 임하여 이르시되 아브람아
두려워하지 말라 나는 네 방패요 너의 지극히 큰 상급이니라

7
그분의 손에 있었다

6월에 시작한 항암인데 벌써 가을이 되었다. 나는 모과나무를 참 좋아한다. 키 큰 모과나무는 가을이 깊을수록 허공의 등불이 된다. 아파트 정원을 둘러보며 모과가 얼마나 익었는지 보는 재미에 힘들더라도 산책을 나간다. 모과는 신비스럽기까지 하다. 향기나는 모과를 매달고 있는 저 뿌리의 비밀은 무엇일까? 수많은 나무들의 신비를 누가 설명할 수 있을까. 모과에 감탄하며 창조주 하나님의 아름다움에 빠진다.

시편 119:105 "주의 말씀은 내 발의 등이요 내 길에 빛이니이다" 말씀이 떠오른다. 고통의 밤에 하나님의 말씀이 내게 빛이 되고 길이 된 것처럼 잠 못 드는 암병동, 창 너머 보이는 모과나무 등불이 위로가 되었다. 저 모과처럼 훗날, 길 잃은 누군가를 위해 향기나는 열매가 되고 싶다.

(두 번째 항암제 파크리탁셀)

두 번째 항암제는 일주일에 한 번씩 12번 맞는다. 암병동에 있다 보면 모두가 암환자라서 그런지 얼굴만 봐도 나이에 상관없이 친구가 된다. 우리 병실은 모두가 커튼을 제쳐두고 몸은 아프지만 즐겁게 대화를 나누었다. 간호선생님이 이 병실에서 나오는 웃음소리 때문에 일하는 제가 다 기쁘다고 하실 정도로 병실 같지 않은 분위기로 지냈다. 바스락거리는 깡마른 암환자가 또 다른 암환자에게 건네는 위로는 보기만 해도 큰 힘이 되었다.

탁셀 항암제는 빨간약보다 부작용이 덜하다는 환자들의 평가를 듣고 기대했지만 나는 아니었다. 일단 저림 증상이 너무 심했다. 이전보다 더 부어 몸무게가 4kg 올라 신발이 들어가지 않았다. 탁셀 항암을 첫 번째 맞고 퇴원했는데 기운이 심하게 없어 먹을 수가 없었다. 혀가 너무 쓴데다 입에 거미줄이 하얗게 쳐져 입술이 닫히고 밥알 한 톨도 목구멍으로 넘어가지 않았다. 속이 울렁거려 한 발자국도 걸을 수 없었고 결국 탈진되어 다시 입원했을 때 이제는 정말 항암을 포기하고 싶었다. 손발은 망치로 맞은 것처럼 아파 화장실가서 손으로 하는 모든 일이 힘들었다. 양동이에 넘치게 담은 고통을 내 머리 위에 쏟아 붓는 느낌이었다. 눈물은 내 이름표가 되었고 병원은 내 집이 되었다. 그렇다고 포기하기엔 마음이 편치 않았다. 눈물로 씨를 뿌리면 기쁨으로 결실을 거둔다고 하지 않았던가. 나는 지금 눈물로 씨를 심고 있다. 지금까지 견뎌온 시간들이 아까워 이 고통도 나아질 거라는 믿음을 다시 가슴에 안았다. 영양수액을 맞으며 여러 치료를 받아서인지 일주일 만에 증상이 호전되었다.

퇴원하고 남편하고 소소한 대화를 나누었다. 평범한 일들이 이렇게 감사하다는 걸 알고 나니 먹을 수 있음에 감사했고 숨을 쉬는 게 신기했고 남편과 대화하는 이 순간이 너무도 소중해 행복하게 웃었다. 우리가 살아가는 사소한 일상들은 그야말로 기적이다.

다시 견디기 힘든 고통이 쏟아질 때는 기도했다.

'하나님, 내 손을 놓지 말아 주세요. 이길 힘을 주세요.'

100번도 아니고 12번만 하면 되니까 힘내자 힘! 혼자서 구호를 외치며 힘겨운 호흡을 이어나갔다. 아이들 키울 때 사랑스러웠던 모습을 떠올리면 고통 중에도 저절로 웃음이 났고 행복해져 남은 인생에 대한 소중한 가치를 새겨나갔다. 간 검사를 해보니 간수치는 올라가고 밥 대신 과일로 때워서인지 지방간도 심해지면서 마음의 고통까지 따라왔다. 탁셀은 횟수를 거듭할수록 부작용이 더해졌지만 나는 안다.

나는 지금도 살아있어서 아픈 거라고...

인생은 우리가 모르는 힘이 있고 보이지 않는 길이 있다. 탁셀을 8번째 했을 때 너무 아파 3일내내 누워만 있었다. 부은 다리 때문에 다리를 올리고 누워있어야 했고 코에 핏덩이가 차서 코세척을 해주면 조금 숨쉬기가 편해진다. 먹는 것도 귀찮으니 기운이 나지 않는다. 언제쯤 고통 없는 순간이 찾아올까? 항암의 고통이 상상 그 이상이지만 하나님의 은혜도 상상 그 이상임을 나는 안다. 숨이 차서 힘들지만 산책을 나갔다. 멀찍이 겨울나무가 시들시들 말라 바람에 흔들렸다.

"하나님, 저 겨울나무가 내 모습 같아요. 너무 힘들어서 죽을 것 같아요."

앙상한 나무를 쳐다보는데 내 안에서 겨울나무의 온도라는 시가 한 순간에 떠올랐다. 면역은 떨어지고 숨은 가쁘고 이러다 죽는 건 아닐까 싶은 그때, 겨울나무 같은 내 영혼에 죽지 않을 만큼 숨결을 불어넣어주시는 하나님을 느꼈다. 저 겨울나무도 나처럼 춥겠다고 생각하는데 내 눈앞에 그림이 펼쳐졌다. 길 잃은 새가 폭설을 피해 빈 둥지에 날아든다. 웅크린 새의 체온은 빈가지가 빈가지에게로 전해지며 뿌리까지 데워 주었다. 누군가 나를 위해 기도해주는 중보의 힘이었고 아픈 나를 위해 일하시는 하나님의 손길이었다. 하나님은 저 나무가 죽은 것처럼 보일지라도 그 뿌리는 살아 있어 봄을 만들어낸다고 가르쳐주셨다. 시리고 아픈 고통에는 봄이 깃들어 있었다. 나는 하나님이 주신 시 한편을 가슴에 안았다. 얼어버린 내 몸에 새의 온기가 전해지며 시든 몸이 힘을 얻었다. 아프기 때문에 살아있음을 느끼는 하루였다.

항암을 세 번 남겨놓고 어느 날 저녁 부정맥이 왔다. 이전에 경험했던 것처럼 심장이 방망이질하며 숨이 차올랐다. 극심한 고통이었지만 이전과는 다르게 마음이 편했다. 내가 오늘 죽을 수도 있겠구나. 하나님 품으로 돌아갈 수도 있겠구나. 산소호흡기를 낀 채 응급실에 실려 가면서 죽음에 대한 마음을 겸허히 받아들이고 있었다. 내 본래의 주소는 저 하늘이기에 죽음은 본향으로 가는 길이고, 죽음은 하늘로 가는 간이역이다. 죽음의 창을 열면 영원한 생명이 기다린다. 그래서 죽음은 인생의 완성이다. 하늘의 종착역을 향해 살면서 남은 시간을 가치 있게 보내는 삶은 되는대로 사는 인생과 분명히 다를 것이다. 암을 통해 내 삶의 죽음을 대하는 준비가 있었기에 숨이 차올라 고통스러웠지만 마음만은 평안했다. 암이라는 시간은 경건에 이르기를 연습하는 계기가 되었다. 상황이 호전되어 응급실에서 퇴원하면서 내 삶을 연장시켜주신 하나님께 감사했다. 하루라는 시간은 절대 당연한 것이 아님을 또 한 번 경험하게 되었다.

그날 응급실에서 죽지 않고 생명을 이어갔던 이유도 이 책을 기록하기 위한 하나님의 계획인지도 모른다. 나는 오늘도 선물 같은 하루를 살아간다. 당연히 밝아오는 아침이 아닌, 사명처럼 주어진 이 하루가 마지막 일수도 있다는 생각으로 저녁을 맞는다.

탁셀을 맞나가 백혈구수치가 340으로 죄하로 떨어져 입원했을 때 세균에 감염되지 않도록 조심해야 한다며 멸균

식사가 나왔다. 백혈구수치가 올라가기를 기다릴 수밖에 없었다. 그때 병실에서 만난 박경순 환자분이 잊혀지지 않는다. 어느 날 눕지도 못하고 숨 쉬는 게 힘들어 응급실을 찾다가 폐와 심장에 물이 차서 검사해보니 유방암이 뼈로 전이 됐음을 발견했다고 한다. 물을 빼내기 위해 옆구리에 구멍을 뚫어 호스를 연결했다는 소릴 듣고 얼마나 고통스러웠을까 짐작조차 되지 않았다. 유방암 완치 판정을 받은 지 5년 만에 재발했는데 이미 뼈로 전이되어 수술이 어려웠고 맞는 항암제를 찾아야 하는 끝 모르는 투병이 시작된 것이다. 나는 이분의 표정과 말에서 진정한 신앙임임을 알 수 있었는데 저렇게 착한 분이 왜 암을 두 번이나 겪어야 할까 가슴 아팠지만 그분의 대답에 나는 하나님의 뜻에 고개를 숙였다.

"암이 재발되어 힘들지만 예수 믿는다고 나를 핍박하던 남편이 나의 고통으로 인해 하나님을 믿게 되었고 지금은 나보다 더 신앙이 좋아 얼마나 감사한지 몰라요. 딸도 엄마를 위해 더 기도하며 신앙이 성장했고 가정이 하나가 되어 아프지만 행복한 시간을 보내고 있어요. 하나님이 내게 두 번의 고통을 허락하신 것은 돈으로 살수 없는 놀라운 뜻이 있었죠."

감사로 가득한 미소는 하늘의 천사 같았다. 요즘은 항

암치료하면서 경과가 좋아져 암이 줄었다는 소식에 나도 참 기뻤다. 고난이 찾아오는 하늘의 뜻을 인간이 다 헤아릴 수 없다. 고난은 하나님만이 하실 수 있는 놀라운 축복이 숨겨져 있기 때문이다.

하나님의 눈은 온 땅을 두루 다니며 완전한 마음으로 그분을 향하는 사람을 위해 하나님의 강하심을 보이신다. 항암이라는 그 높은 산을 내가 넘을 수 있을까 생각했던 그 두려웠던 날은 생각보다 빠르게 지나가고 있었다.

우리는 하나님의 형상대로 지음 받은 존재들이지만 현실의 고통에 매몰되면 결국 사망의 길로 갈 수밖에 없다. 우리의 근원이 하나님께 있어서 영원한 것을 갈망할 때 죽을 것 같은 고통은 하늘을 올려다보는 노래가 된다. 천국은 죽어서 가는 게 아니라 지금 고통 중에도 감사를 누려야 진정한 천국인 것이다.

누구나 광야의 인생을 살아간다. 광야의 주인은 하나님이다. 메마른 광야에서 혼자라고 느낄 때 내 손을 잡아주시는 하나님, 내 인생이 그분의 손에 있었다.

겨울나무의 온도

도토리가 떨어져 나간 자리
떡갈나무 가지 끝이 자꾸 마른다
한파예보에 작은 바람에도 나무가 흔들렸다

겨울까지 이어진 항암주사
온 몸에 눈구름이 몰려오더니
밤새 뒤척이듯 눈 내리는 소릴 들어야 했다
곤두박질하는 백혈구수치
마른 잎 그러모아 가쁜 숨 몰아쉴 때
이러다 죽는 건 아닌가 싶을 그때

나무 끝에 매달린 빈 둥지가 소란하다
폭설을 피해 숨어든 새 한 마리
웅크린 새의 온기로

빈가지가 빈가지에게로 데워지면
눈보라의 어는점은 뿌리까지 쫓아오지 못한다

떡갈나무는 겨울에도 죽지 않는다
살고 죽는 문제는 그분의 손에 있었다

8

내 인생의 에필로그

드디어 빨간약 4번과 파크리탁셀 12번, 총 16번의 항암이 끝났다. 이제 항암주사를 안 맞아도 된다고 생각하니 날아갈 것 같았다. 그러나 마음과는 다르게 한 달이 지나도록 많이 아팠다. 항암의 독성이 빠져나가는데 시간이 걸려서인지 숨은 여전히 차고 부정맥증상이 가끔씩 나타나 나를 괴롭혔다. 발은 두꺼운 가죽이 벗겨졌고 온몸이 가렵고 관절 통증으로 잠을 이룰 수 없었다. 호르몬 양성암이라 호르몬 억제제를 5년 동안 먹어야 한다. 매일 먹는 약이 6가지인데 이 호르몬 억제제는 갱년기 증상을 가중시켰고 관절의 통증이 심해진데다 불면증이 생기는 부작용이 있었다. 그러나 암의 재발을 막기 위한 약물치료이기에 부작용이 덜하길 기도하며 잘 견뎌볼 생각이다.

또한 수술과 항암으로 인해 어깨와 팔에 통증이 심해 암재활치료를 받고 있다. 치료를 받고 나면 조금씩 통증이 줄어드는 걸 알 수 있다. 일상생활로 돌아가기 위해서는 재활치료가 꼭 필요하다. 통증을 방치하면 또 다른 고통을 허락하게 된다.

(방사선치료)

항암 끝난 지 한 달이 지나도록 약한 부정맥 증상이 있어 방사선 치료가 미뤄졌다. 28번을 받아야 하는데 왼쪽 가슴이 없고 심장질환이 있어 교수님이 걱정하셨다. 보호막이 없이 방사선을 하면 심장에 안 좋은 영향을 줄까봐 고민하셨지만 기대수명이 길어 안할 수 없기에 임파선 전이된 곳만 하자고 하셨다. 항암에 비교하면 방사선은 가벼웠다. 단지 좀 피곤하고 그 부위가 화상 입은 것처럼 화끈거렸고 식도가 타들어가는 느낌 때문에 매운 음식이나 뜨거운 걸 피해야 했다.

암치료 후 완치 판정을 받은 사람 중에서 재발하는 경우는 살아있던 암의 뿌리가 다시 활동했다고 볼 수 있다. 나는 방사선을 쬐기 위해 통 안에 들어갈 때 이 짧은 시간

동안 마음의 그림을 그린다. 암의 뿌리까지 소탕하는 장면을 떠올리며 기도한다.

"그리스도의 빛으로 지독한 암의 뿌리까지 모조리 태워주세요. 내 몸에서 말씀의 꽃이 피어나 암세포가 살지 못하는 감사의 터전이 되게 해주세요."

방사선 쬐는 소리도 기관총을 연달아 쏘는 소리처럼 들린다. 따따따따... 나도 마음의 방아쇠를 당기며 나를 고통스럽게 했던 암의 뿌리를 향해 장전한 후 사정없이 총알을 날린다. 눈을 감고 암의 뿌리들이 하나님의 빛에 타들어가는 것을 그림으로 바라본다.

그렇게 내 마음도 함께 암의 뿌리까지 박멸하는 방사선 치료는 항암에 비교하면 오히려 신이 났다. 아직 항암의 흔적이 몸에 남아 있지만 자고나면 어제의 고통이 조금씩 줄었다. 어느새 코피도 흘리지 않았고 입안도 헐지 않았다. 심하게 저리던 손발이 절반으로 줄었고 붓기도 가라앉으면서 몸무게도 줄었다. 죽은 손톱 위로 핑크빛 손톱이 나오기 시작했고 무엇보다 신기한 건 눈썹이 있던 자리와 두피가 꺼뭇꺼뭇해졌다는 것, 항암이 끝나면 머리가 나는 건 당연하지만 내게는 결코 당연하지 않고 신기했다. 9개월 만에 보는 잔디인형 같은 모발은 얼음을 뚫고 나오는 복수초 꽃처럼 사랑스러웠다. 인체의 신비는 인간이 설명할 수 없다. 회복시키시는 하나님의 사랑이 봄처럼 따사로웠다.

1년 동안 암으로 받은 고통을 생각하면 그렇게 좋아하던 빵이 돌처럼 보이고 기름진 음식이 암 덩이처럼 보인다. 다시는 겪고 싶지 않은 암의 고통, 죽음의 고비를 넘어온 육신은 고통을 오롯이 기억하지만 오히려 영혼은 고통 속에서 만난 하나님을 기뻐하고 있었다.

이토록 지독한 암이 왜 사라지지 않고 인간들을 괴롭히며 존재하는지 이유를 몰랐다. 마치 잡초가 왜 존재하는지 모르는 것처럼. 여름에 무성하게 웃자란 잡초를 보며 참 쓸데없는 풀이라 여겼다. 겨울이 되자 잡초더미가 누렇세 너미를 이루며 누워있었다. 해질 무렵, 참새들이 그 잡풀더미 속으로 파고드는 걸 보며 나는 감탄했다. 쓸데없다고 손가락질하던 그 잡초더미가 참새들의 이불이 되고 비를 피할 지붕이 되다니! 괜스레 잡초들에게 미안해졌다.

나는 암이라는 죽음의 문제를 들고 주님에게 파고들었다. 암이라는 고난은 하나님을 마주보게 하는 신비한 거울이었다. 고통이라는 다리를 건너면 주님 품에서 영생의 길이 보였고 나를 향한 하나님의 뜻이 신비롭다는 걸 깨달았다. 마치 잡풀더미가 참새들의 집이 되는 것처럼 암이라는 고통은 하나님께로 돌아가는 하늘의 집이 되었다. 그렇게 영원한 안식처가 되는 주님의 가슴에 날아든 것이다.

인간의 죽음은 인생에서 가장 큰 의미로 남는다. 나는 심장과 암을 통해 죽음을 연습할 수 있어서 감사했다. 지금 이 순간도 내 인생이 하나님 앞에 기록되고 있다. 자신의 마지막이 어떻게 기록될지 모르고 살아가는 사람만큼 불행한 인생은 없다. 마지막은 예고치 않고 찾아온다. 어차피 대면해야 하는 죽음, 마지막이 아름답기 위해 죽음 너머를 바라볼 수 있는 눈이 있어야 한다.

내 인생의 무대는 내가 주인공이다. 그러나 내 인생의 시나리오를 쓰고 계시는 하나님은 내 삶의 실제적인 주인이고 작가이심을 잊어서는 안 된다. 하나님은 나를 참되고 아름다운 주인공으로 남기시려고 시나리오를 계속 수정하고 계신다. 고난은 주인공을 파멸시키기 위해 찾아오는 게 아니다. 하나님은 고통 받는 주인공의 손을 잡고 고난의 파도를 함께 넘어가고자 다가오시는 분이다. 삶의 마지막에 해피엔딩을 주인공에게 안겨주기 위해 창조주는 인간에게 고난이라는 신비를 우리에게 허락하신다.

인생은 한편의 드라마다. 완벽한 시나리오가 되기 위해, 감동의 이야기가 되기 위해 갈등과 사건은 반드시 있어야 한다. 주인공에게 어떠한 고난을 안겨줄 것인가를 고민하는 작가에게는 문제의 해결책도 갖고 있다. 고난이 없으면 읽을거리가 없고 시나리오는 완성되지 못한다. 고난을 허락하시는 하나님 마음에는 그것을 함께 이겨나갈 사랑도 갖고 계시기 때문에 하나님을 믿을 수 있는 것이다.

성경에 하나님이 찾고 찾던 인물이 다윗이었다. 그는 누구보다 긴장감이 넘치는 쫓기는 인생이었다. 사울이 다윗 하나 죽이려고 인생을 걸때 다윗은 동굴로 숨어들며 도망자의 삶을 살았다. 왕이 된 후에도 아들의 반역으로 피눈물을 흘렸고 맨발로 쫓겨나가던 다윗은 가장 고통스런 순간마다 수옥같은 시편을 남겼다. 다윗이 사울과 달랐던 것은 사망의 음침한 골짜기로 지날 때마다 하나님이 자신의 진정한 목자임을 노래했고 고난에 대한 하나님의 뜻을 구하며 눈물로 기도했다는 점이다. 다윗이 죽은 후에도 하나님은 다윗의 길로 가는 자를 축복하셨고 다윗의 인생길을 두고두고 아름답게 평가하셨다.

암 걸리기 전에 눈물 없이 살게 해 달라던 내 기도는 참으로 어리석은 기도였다. 왜 내게 이런 일이? 라는 기막힐 고난을 통해 그 삶의 전개가 하나님이 주목하고 일하시는 멋진 스토리가 된다. 내 인생의 이야기는 내 것이 아니라 내 삶의 작가이신 하나님의 것이다. 하나님이 허락한 인생을 살다 가는 것이다.

천국에 먼저 간 사람들은 아마도 고통 받는 우리 이야기를 응원하며 쫄깃하게 보고 있지 않을까 생각해본다. 읽을거리가 없는 인생보다 고통의 눈물을 이겨내는 삶이 결말에 이르렀을 때 더욱 찬사를 받게 될 것이다. 고난을 통해 변화되는 내 모습이 하나님 앞에 기록되고 있음을 인지하게 되었다. 악하게 평가되었던 사울은 자신의 삶이 그렇게 기록될 것을 알았을까? 모든 인생이 이렇게 하나님 앞에 기록되고 있는데 말이다.

그냥 어쩌다가 실수로 태어나 재수가 없어 암에 걸렸다고 믿는 인생과 하나님이 이 땅을 창조하시고 내 인생의 주인이 되셨음을 믿는 인생과는 차원이 다르다. 내 인생이 지금 몇 시를 향해 가고 있는지를 깨달아야 한다. 지금 겪는 고난은 내가 어디쯤 가고 있는지를 보여준다. 고통스런 밤은 영혼의 비중이 깊어지고 심령이 가난해지기 때문에 왜 이런 고난이 찾아왔는지 생각하는 시간이 되었고 잠들었던 영혼을 일깨워주었다.

어떤 분은 암이 녹아지길 기도하자고 했다. 믿으면 역사가 이뤄진다고 했다. 나도 그러고 싶었다. 그러나 인생은 내가 기도하는 대로 되지 않을 때가 많다. 참된 기도란 하나님을 내 뜻대로 움직이는 게 아니라 하나님만 의지하고 신뢰하는 것이다. 겨울에는 봄을 만날 수 있게 기도하고 저녁에는 아침을 선물로 달라고 기도한다.

나는 성경의 인물 중에서 에녹을 제일 좋아한다. 365년 하나님과 동행하다가 죽음을 보지 않고 하늘로 올라갔던 에녹... 남은 인생 하나님의 손을 잡고 그의 선하신 뜻대로 살다가 당신 품에서 행복하게 떠나는 게 내 마지막 소원이다. 하나님 품안에 있으면 죽음도 잠자는 것처럼 행복하기 때문이다.

내게 암을 녹이는 기적은 일어나지 않았지만 항암과 방사선의 모든 과정을 겪으며 암환자가 받는 고통의 실제를 들여다 볼 수 있었고 이렇게 그들을 위로하는 편지를 쓸 수 있었다. 또한 아픈 순간들을 수없이 지나며 가정의 화

목이 더욱 단단해졌다. 항암 시작 전에 기도했던 게 떠오른다.

> "하나님, 한 번도 가보지 않은 고통스런 항암이 내게는 행복한 시간으로 추억되게 도와주세요."

항암 끝난 지 얼마 안 지났는데 벌써 고통스러웠던 기억들이 까마득해진다. 하나님과 행복하게 사랑했던 시간들, 잠 못 드는 밤에 깨달음을 주셨던 수많은 문장들만 지금, 내게 남아있다. 그렇게 고통은 시간이 지나며 희석되었고 내 고통의 임계점을 넘어가게 손잡아 주셨던 주님만 파란 하늘처럼 떠오른다. 이전에 소리 내어 읽던 말씀이 현실에 적용되고 말씀의 깊이 속으로 들어가는 축복은 암이 녹는 기적보다 더 소중했다.

항암 환자들과 얘기하다보면 한결같이 하는 소리가 있다. 암에 걸려보지 않으면 이 고통을 절대 모른다고... 혼자서 감당해야 하는 아픔이 너무 크다고 말했다. 항암을 피할 수만 있다면 뭐든지 할 만큼 항암은 큰 산이었다. 겪어보니 내게는 항암보다 부정맥이 더 힘들었고 부정맥보다 수술 전 암이 커져서 오는 고통이 가장 힘들었다. 어쩌면 부정맥의 고통이 있었기에 그 원인을 찾으려 애썼고 말기 되기 전에 암을 발견할 수 있었다. 평안할 때 바뀌지 않던 삶의 양식들이 항암의 아픔을 수없이 지나며 다듬어지고 깊어졌다. 만약 하나님이 내 암을 녹여주셨다면 사라진 암의 기적만을 외치며 좋았겠지만 내 삶의 진정한 변화는 없었을 것이다.

하나님의 신비는 고난의 쓴 약으로 출발한다. 세상에는 인간이 할 수 없는 일이 많다. 고난은 인간이 할 수 없어 하나님이 일하기 시작하는 신비로운 시점이다. 고난을 당한 자가 하나님을 구할 때 그분의 숨은 능력과 우리를 향한 뜨거운 사랑이 펼쳐진다. 하나님과 사랑의 관계가 시작되는 고난은 그래서 신비롭다. 고난의 다음 페이지에는 나를 향한 하나님의 사랑이 펼쳐지기 때문에 그것만으로도 내 인생은 반전으로 들어선 셈이다. 죽음을 향해 달려가던 인간이 고난을 당할 때 인간이 어디서 와서 어디로 흘러가는지를 깨닫는 신비한 통로가 된다.

인간은 누구나 창조주의 평가를 받고 죽음으로서 그 인생의 에필로그를 남긴다. 죽어서 우리가 남길 수 있는 건 한 문장뿐이다. 내가 태어났을 때 핏덩이인 나를 두고 하나님은 어떻게 머리말을 쓰셨을까 궁금해진다.

성경에는 사람의 인생과 죽음들이 기록되어 있다. 전지적 작가 시점처럼 하나님의 시점으로 쓰여 있다. 전지적 작가 시점은 인물을 바라보는 시선이 신적인 위치여서 모든 것을 다 안다는 의미다. 우리 인생도 그렇다. 하나님은 다 아신다. 내가 무엇을 생각하고 무슨 의도를 가지고 살아가는지, 머리카락의 개수까지도 아시는 분이다. 그러나 인간은 내가 어떻게 기록되고 있는지 모른 체 당장 내가 처한 고난에 집중하며 살아간다. 그렇게 되면 고난의 늪에 빠져 삶의 방향성을 놓쳐버린다. 우리가 집중해야 하는 건 보이지 않는 것이다. 하나님은 보이지 않는 것을 바라본 믿음을 반전의 재료로 사용하신다. 세상의 헛된 신(명예,권력,돈)을 따라가던 우리에게 돈과 권력이 신이 아님을 깨닫는 순간이 바로 고난이 찾아왔을 때이다. 실제로 믿었던 돈이 나를 배신하고 믿었던 건강이 나를 배신할 때가 얼마나 많은가. 내가 전부라고 했던 그것이 헛되고 헛되다는 걸 깨닫는 명약이 바로 고난이다.

하나님은 오늘도 눈물의 강을 건너는 자를 위해 소망의 복선을 깔아 놓으셨다. 나는 죽을 만큼 힘들 때마다 하나님이 숨겨놓으신 소망의 복선을 눈물처럼 들여다 볼 수 있었다. 암에 걸리고 나서 눈물이 많아졌다. 너무 아파서 울었고, 회복시켜주신 은혜에 감사해서 울었고, 연약한 나를 만나주신 감격에 울었다. 그리고 지금 숨 쉬고 있는 게 신기하고 행복해서 울었다. 앞으로도 눈물 없이는 살 수 없을 거 같다. 눈물은 하나님과 나를 연결해주는 가장 맑은 언어가 되었다.

모든 인생의 작가이신 하나님은 지금도 우리에게 돌아오라고 말씀하신다. 하나님을 믿는 믿음은 내 현실을 뛰어넘는다. 창조주인 하나님과 사랑하며 사는 일은 참으로 특별한 은총이다. 세상 어떠한 신이 인간을 사랑하는가? 받기만 하지 사랑하는 일은 없다. 암을 통해 나는 하나님의 사랑을 넘치도록 받았고 또 그분을 사랑했다.

우리의 소유권은 하나님께 있기에 세상의 것을 넘어서서 하늘 위를 봐야 한다. 죽음이 온전해야 인생이 완성되는 것처럼 하나님 앞에 아름답게 죽는 죽음이 중요하다. 호흡이 끝나는 순간, 그분이 내 손을 잡고 함께 본향을 향해 갈 것이다. 우리의 근원이 하나님께 있기 때문이다.

시간의 시작은 태초부터였다. 하나님이 천지를 창조하시고 해와 달을 만들어 그때부터 인간에게 시간이 주어진 것이다. 그래서 시간의 주인은 하나님이다. 내 맘대로 아무렇게 흘러가다보면 언젠가 시간의 주인에게 인생을 반납해야 할 때가 올 것이다. 시간이라는 무대에서 살아가는 우리는 주연을 맡은 배우다. 하나님이 주신 대본대로 열연하다가 인생의 조명이 꺼지면 무대도 끝이 나고 우리 영혼은 시간의 주인에게로 돌아간다.

내 인생 통틀어서 암이 제일 고통스러웠지만 한편으론 가장 행복한 순간들이 많았다. 보이지 않던 당신의 모습이 고통의 문을 열고 내게 찾아왔기 때문이다. 우리가 이 땅을 떠나는 날, 인생을 평가하는 에필로그는 그분의 펜이 써내려 갈 것이다. 하나님은 지금도 죽음이라는 시한부를 살아가는 각자의 삶을 퇴고하고 계신다.

내가 숨 쉬는 모든 곳에 그분이 있었다.

잡초에게

잡초가 왜 있어야 하는지 몰랐다
한겨울, 시들시들 누워있는 잡풀더미
해질 무렵, 그곳에 참새들이 파고들었다
온기를 갈망하며 바스락, 숨어들었다
쓸데없는 잡풀이라 여겼는데
새끼를 덮는 이불이 되고
비를 피하는 지붕이 되었다

암이 왜 있는지 몰랐다
암처럼 무서운 게 없을 고통너머에서
나는 죽음을 피해 당신의 가슴에 날아들었다
겨울비 맞으며 떨고 있는 나를
태초의 숨결이 덮어주었을 때
당신에게서, 영원히 사는 길이 보였다
당신은 내 눈물로 별을 빚어내고
고통의 상처로 영원한 나라를 보게 했다

고난이 왜 있어야 하는지
시든 잡초를 보며 알았다

돌곶이

어느 날 열 살 된 아들이 내게 물었다
"엄마, 나는 왜 미국의 정원 넓은 집에서 태어나지 않았어? 왜 여기에 태어났어?"
천진난만한 눈망울이라 다행이었다

아들은, 돌곶이 언덕배기에서 태어났다
그 돌이 더 이상 구르지 않고 왜 이곳에 머무는지를
은종소리 나는 때죽나무들이 왜 마을 뒷산에 뿌리내리는지를
수많은 아이 중에 왜 네가 내 아들이 되었는지를
이 모두가 까닭을 알 수 없는 기적이다

이 세상은 어쩌면 제 발로 온 것이 아니라
보내진 존재라는 걸

돌이 이곳에 꽂혀 마을의 이름이 된 것처럼
눈발처럼 날리던 우리가 하늘이 정해준 구역으로 내려와
하얀 발자국 하나 남기다가 눈 녹듯 사라지는 것이 인생이라고,

아들아! 당장 정원은 줄 수 없지만 정원을 꿈꿀 수 있는
하늘은 얼마든지 열려있단다

암 환자가 전하는 사랑의 시편

나는 지금,
고통을 투약중이다

초판1쇄발행일 | 2022년 3월 10일
초판2쇄발행일 | 2022년 3월 31일
글 쓴 이 | 권여원 _ autumnyy09@hanmail.net
펴 낸 곳 | 에디아
주 소 | 04557 서울시 중구 퇴계로37길 14 기종빌딩 6층
전 화 | 02-2263-6321
팩 스 | 02-2263-6322
등록번호 | 제1996-000115호(1996.7.30)

ISBN • 978-89-87977-39-3 03810

*값은 뒤표지에 있습니다.